Frauke Helmers

Kinder brauchen Freunde

Frauke Helmers

KINDER BRAUCHEN FREUNDE

WAS KÖNNEN ELTERN TUN?

Urania-Ravensburger

Die Autorin: Dipl.-Psych. Frauke Helmers, geb. 1971, erstellte Gutachten bei Sorgerechts-Entscheidungen und arbeitete in einer schulpsychologischen Beratungsstelle in Berlin.

Zum gleichen Themenbereich bei Urania-Ravensburger:
Helga Gürtler: Regeln finden ohne Tränen. Erziehungstipps für gestresste Eltern. ISBN 3-332-00717-3
Helga Gürtler: Kinderärger – Elternsorgen. ISBN 3-332-00868-4

Die Deutsche Bibliothek – CIP-Einheitsaufnahme
Helmers, Frauke:
Kinder brauchen Freunde : was können Eltern tun? / Frauke Helmers. - Berlin : Urania-Ravensburger, 1999
ISBN 3-332-01031-X

Die Schreibweise entspricht den Regeln der neuen Rechtschreibung.

Umschlaggestaltung: Behrend & Buchholz, Hamburg
Titelbild: VCL/Bavaria Bildagentur
Fotos: Gertie Burbeck
Lektorat: Ina Steinbrück, Dr. Marianne Jabs
Druck: Magdeburger Druckerei
Printed in Germany
Gedruckt auf alterungsbeständigem Papier mit chlorfrei gebleichtem Zellstoff

02 01 00 99 5 4 3 2 1
ISBN 3-332-01031-X

INHALT

EINLEITUNG

Angesichts der Bedeutung von Kinderfreundschaften für die Entwicklung eines Kindes ist es verwunderlich, dass die Wissenschaft sich erst wieder in jüngerer Zeit mit diesem Thema auseinander gesetzt hat.

Die Erkenntnis, dass Kinder eigene Vorstellungen über Freundschaft entwickeln, die nicht mit den Maßstäben Erwachsener vergleichbar sind, bescherte der heutigen Forschung ein ganz neues Betätigungsfeld. Gleichaltrige scheinen immer stärker in den Blickpunkt des allgemeinen Interesses zu gelangen. In zahlreichen Publikationen ist von „Gleichaltrigengruppen“ oder, zeitgemäßer, den „Peer Groups“ die Rede. Dabei ist die englische Bezeichnung nicht nur moderner, sondern kommt der Bedeutung dieser Gruppe auch näher. Denn der englische Begriff des „Peers“ lässt sich durch die deutsche Übersetzung „Gleichaltriger“ oder „Gleichaltrigengruppe“ nur unzulänglich wiedergeben. Ein „Peer“ ist im Englischen eine Person, die auch in etwa den gleichen Rang oder Status besitzt. Gleichrangigkeit ist nämlich eine der Hauptkomponenten bei Kinderfreundschaften.

Einer der Gründe für die Vernachlässigung dieses Themas war die Annahme, dass die Mutter-Kind-Beziehung für die Entwicklung des Kindes in den ersten Lebensjahren entscheidend sei und auch die späteren Beziehungen zu anderen Kindern und Erwachsenen maßgeblich beeinflussen würde. Aber im Vergleich zu dieser „ersten Beziehung“ mochte man den Beziehungen von Kindern untereinander nur wenig Gewicht beimessen. Es wird in der gängigen Fachliteratur über die Erziehung oder Entwicklung des Kindes sogar behauptet, dass Kinder weder im Vorschulalter noch im Kindergartenalter überhaupt fähig seien, Freundschaften zu entwickeln. Auf Grund seines Egozentrismus sei das Kind in diesem Alter noch nicht in der Lage, sich in andere Menschen hineinzuversetzen und somit eine Freundschaft aufzubauen oder aufrechtzuerhalten.

Die Bedeutung des mütterlichen Einflusses wurde jedoch inzwischen relativiert. Man weiß heute, dass Gleichaltrige eine eigenständige Rolle in der Sozialisation des Kindes spielen, die von den Eltern nicht übernommen werden kann. Und dies passiert bereits in den frühen Jahren der Kindheit. Die Gleichaltrigen bilden sozusagen die Bezugsgruppe, aus welcher sich nach und nach auch engere Freundschaften entwickeln.

Danksagung
An dieser Stelle möchte ich Frau Dr. Maria von Salisch, Sandra Bumbar, Götz Frömming sowie meinen Eltern meinen Dank aussprechen, da sie mich während meiner Arbeit hilfreich unterstützt haben.

1. Kapitel

WARUM FREUNDE WICHTIG SIND

In der Gleichaltrigengruppe lernen Kinder zu kooperieren, sich taktvoll zu verhalten und mit anderen Kindern in Kontakt zu treten.

FREUNDSCHAFT

Einen guten Freund zu haben, das wissen schon die jüngeren Kinder, ist eine tolle Sache. Mit dem Freund kann man wunderbar zusammen spielen und Streiche aushecken, und wenn es einmal Ärger geben sollte, dann gibt es für Freunde nur eins: Zusammenhalten. Freundschaft ist daher auch schon für die jüngeren Kinder eine aus dem alltäglichen Leben vertraute Form zwischenmenschlicher Beziehung.

Wann die ersten Bande für eine Freundschaft geknüpft werden, ist nicht ganz einfach zu beantworten. Dies hängt vorwiegend vom Reife- und Entwicklungsgrad eines jeden Kindes ab. Aber meistens gehören Freundschaften bei Kindern vom dritten Lebensjahr an – in manchen Fällen auch früher – und im ganzen Jugendalter zu den zentralen Bestandteilen des Lebens. Den Freundschaften widmen Kinder einen großen Teil ihrer Zeit, in der sie mit ihren Freunden spielen oder diese in ihre Gedanken- und Fantasiewelt einbeziehen. Mit ihnen erleben sie höchste Freuden, aber auch Frustrationen. Denn neben den schönen und lustigen Momenten, die das Zusammensein mit den Spielgefährten bringt, gibt es auch Situationen, in denen sich Konflikte und Ärger anbahnen.

DAS ERLERNEN SOZIALER FERTIGKEITEN MIT GLEICHALTRIGEN

Der Umgang und die Auseinandersetzung mit Gleichaltrigen bietet Kindern eine Reihe von einzigartigen Möglichkeiten, sich soziale Fertigkeiten anzueignen. Zu diesen Fertigkeiten gehört beispielsweise die Fähigkeit, mit anderen zu kommunizieren und sich in die Lage anderer hineinzuversetzen. Miteinander reden, dem anderen zuhören und auch mal nachgeben zu können, all das will gelernt sein.

Im Umgang mit ihren Freunden lernen Kinder sich durch Wettbewerb mit anderen zu vergleichen, sich anderen gegenüber taktvoll zu verhalten und mit anderen in Kontakt zu treten. Schaut man sich in einem Kindergarten die Spielaktionen der Kleinen an, dann fällt auf, dass hier ständig gestritten, verhandelt, geredet, gelacht und auch getröstet wird. Das Miteinander wird früh eingeübt. Dies gelingt aber nur, wenn die Beziehungen „symmetrisch" sind, also wenn gleichberechtigte Partner gemeinsam ein übereinstimmendes, wechselseitiges Verständnis der Beziehung herbeiführen und nicht – wie etwa im Verhältnis der Eltern zu ihrem Kind – eine Partei von vornherein Recht zu haben scheint. Denn im Gegensatz zu den Gleichaltrigen sind Eltern und Erwachsene in Bezug auf Macht, Wissen und Erfahrung ihren Kindern immer um einiges voraus, sodass Erwachsene ihren Standpunkt kaum so vollständig in Frage stellen, wie Gleichberechtigte es tun würden.

Die Beziehung zwischen Erwachsenen und Kindern ist vor allem durch Autorität und Fürsorge auf der einen Seite und auf der anderen Seite durch Unterordnung und Schutzbedürftigkeit geprägt. Das ist normal. Aber ein solches Verhältnis bietet nur wenig Raum für eine gemeinsame Sicht der Wirklichkeit und wechselseitige Beeinflussung. Bei „Peers" ist dieses Machtgefälle oder diese Abhängigkeit nicht vorhanden. Unter Kindern hat jeder das gleiche Recht zu handeln, und kein Standpunkt ist von vornherein „richtiger".

SICH DIE WELT ERSCHLIESSEN

Das Kind lernt in der Gleichaltrigengruppe anhand der verschiedenen Eindrücke und Meinungen der Gruppenmitglieder eine gemeinsame soziale Welt kennen. Die Gleichaltri-

Aus ihren Interaktionen mit Gleichaltrigen erfahren Kinder eine gemeinsame Sicht der Dinge und lernen, sich im sozialen Umfeld zu behaupten.

Martina hatte schon längere Zeit ein Auge auf die Puppe mit den schönen langen Haaren geworfen, die Sabine jetzt seit über zehn Minuten in den Händen hält und deren Haare sie kämmt. Eigentlich war abgemacht, dass jede von ihnen die Puppe kämmen dürfe, aber Sabine hat das wohl vergessen. Martina fängt an, unruhig zu werden und beginnt, Sabine die Puppe aus den Händen zu ziehen. Aber Sabine wehrt sich nach Kräften. Auch als Martina sie mit ärgerlicher Stimme daran erinnert, dass doch jeder einmal die Puppe haben durfte, lässt Sabine nicht locker.

gengruppe hilft dem Kind, manche eigenartigen und teilweise „ungünstigen“ Ansichten vom sozialen Leben zu korrigieren, die es oft aus seiner frühen Interaktion mit den Eltern bezieht. Eltern können die Wünsche und Bedürfnisse ihres Kindes oftmals schon anhand weniger Informationen erkennen.

Wenn Ihr Kind ein Bild für Sie gemalt hat, werden Sie sich bestimmt darüber freuen und Ihr Kind in den höchsten Tönen dafür loben. Und da Sie Ihr Kind lieben, werden Sie berechtigte Wünsche sofort erfüllen, ohne von Ihrem Kind zu verlangen, seine Absichten eindeutig auseinander zu setzen. Unter Kindern ist die Situation da ganz anders. Sie verfügen noch nicht über die psychischen Fähigkeiten der Erwachsenen und verlangen von Gleichaltrigen Eindeutigkeit. Dies ist von Bedeutung, wenn es beispielsweise darum geht, welches Spiel gespielt werden soll oder bei der Lösung eines Konfliktes.

Für die Kinder geht es darum, ihre Handlungen miteinander abzustimmen, wobei das Scheitern der Koordination oder eine Trennung ohne Lösung mit einbezogen werden muss.

Während Kinder also in den Interaktionen mit ihren Eltern lernen müssen, sich in die familiäre Ordnung einzufügen, so lernen sie aus ihren Interaktionen mit Gleichaltrigen, wie man sich mit Gleichgestellten in einem breiten Gefüge von sozialen Situationen behauptet.

SELBSTEINSCHÄTZUNG DURCH VERGLEICHE MIT FREUNDEN

Neben dem Erlernen sozialer Fertigkeiten bieten Beziehungen zu gleichaltrigen Kindern auch einen Kontext, um sich selbst mit anderen zu vergleichen. Beobachtet man Kinder beim Spielen mit ihren Freunden oder lauscht man ihren Gesprächen, so sind Äußerungen wie: „Wer kann länger auf einem Bein stehen", „Wer kann schneller rennen, ich oder du?" oder „Mein Bild ist besser als deins!" häufig anzutreffen. Anhand solcher Fragen, Herausforderungen oder Be-

Freunde helfen dem Kind, seine eigene Identität zu finden.

Drei vierjährige Jungen haben sich am Ende eines Sandkastens aufgestellt, vor dem sie einen langen „Balken" auf den Boden gezogen haben. Nun springen sie abwechselnd vor dem Balken ab und in den Sand hinein. Sie wollen sehen, wer am weitesten springen kann. Als einer der Jungen das falsche Sprungbein erwischt und seine Weite kläglich unter denen der anderen Jungen zurück bleibt, wird er von den anderen ein wenig ausgelacht und gehänselt. Um nicht als Verlierer dazustehen, spornt ihn das zusätzlich an, sodass er all seine Kraft zusammennimmt und tatsächlich beim nächsten Mal den weitesten Sprung schafft.

hauptungen können Kinder allmählich ihre persönlichen Eigenschaften, ihren eigenen Körper und ihre Stärken und Schwächen bezüglich ihrer Leistungsfähigkeit durch den Vergleich mit ihrem Freund oder ihrer Freundin erfahren.

Von außen betrachtet sieht es oft so aus, als ob Kinder wie im Beispiel unter sich sehr wettbewerbsorientiert und unfair agieren. Doch beim genaueren Hinsehen wird man feststellen, dass diese Vergleiche weniger ein Rivalitätsverhalten widerspiegeln, als vielmehr das Bedürfnis des Menschen, durch Vergleiche mit anderen zu einer Selbstbewertung zu gelangen. Der Freund oder die Freundin wird sozusagen als Spiegel genutzt, um Details der eigenen Identität herauszufinden. Freunde spielen somit eine wichtige Rolle beim Aufbau des kindlichen Wissens über sich selbst.

MIT FREUNDEN BESSER LERNEN

Das Spielen mit Freunden ist aber nicht nur für eine gesunde Selbsteinschätzung des Kindes von Bedeutung, sondern bietet auch Raum für die kognitive Entwicklung des Kindes. Zahlreiche Untersuchungen konnten nachweisen, dass Freunde, die miteinander spielen, eine deutlich höhere Qualität im Spiel aufweisen als Kinder, die einander nur bekannt sind.

Freunde fördern die kognitive Entwicklung und spornen zu höheren Leistungen an.

Bei Beobachtungen in Klassenzimmern von Viertklässlern stellten die Erziehungswissenschaftler Lothar Krappmann und Hans Oswald fest, dass bei schulischen Aufgaben spontane Zusammenarbeit überwiegend bei Kindern vorkommt, die in freundschaftlicher Beziehung zueinander stehen, und dass das Leistungsresultat ebenfalls von der Beziehung der Kinder zueinander abhängt. Freunde spornen sich eher zu höheren Leistungen an, freuen sich über einen Erfolg ihres Freundes oder ihrer Freundin und zeigen Anteilnahme bei Misserfolgen. Derjenige, der die Aufgabe bereits beherrscht, versucht, dem anderen zu helfen, selbständig zu arbeiten. Dadurch fühlt sich das schwächere Kind bei Fehlern und Versagen von seinem Freund gestützt und findet eher den Mut, sich auch mal auf Risiken bei Lernprozessen einzulassen.

STREIT GEHÖRT ZUR FREUNDSCHAFT

Dies bedeutet aber nicht, dass es in guten Freundschaften nicht auch mal Streit und Ärger gibt. Jüngere Kinder streiten sich laufend darum, wer welches Spielzeug haben darf und Schulkinder versuchen, in oftmals endlosen Diskussionen Probleme zu lösen oder Standpunkte zu klären. „Ich find' es nicht gut, dass du immer meine Stifte zum Malen benutzt. Du hast doch selber welche", beklagt sich eine Sechsjährige bei ihrer Freundin. Wie diese Auseinandersetzungen gelöst werden, hängt dann von jedem einzelnen Kind und von der Beziehung, die sie zueinander haben, ab. Gerade weil Freunde sich sehr mögen und gute Erfahrungen im Zusammensein erleben, entsteht eine gewisse Sicherheit, auch mal verschiedener Auffassung zu sein, dem Freund oder der Freundin zu widersprechen, Unstimmigkeiten aufzudecken und Kritik am Verhalten des anderen zu üben.

Die Lösung eines Konfliktes schweißt die Freunde zusammen.

Nach Lothar Krappmann stimuliert die gemeinsam erarbeitete und akzeptierte Lösung eines Problems die Freunde zu sozialen, kognitiven und moralischen Prozessen.

So verbringen einige Kinder die Zeit mit ihren Freunden hauptsächlich damit, um über sich und andere Kinder zu reden. Andere Kinder wiederum verbünden sich, um die Vorschule oder die Schule gut zu überstehen, und wieder andere wollen mit ihren Freunden vor allem Spaß haben und

Streiche aushecken. Wichtig für die Intensität dieser Prozesse scheint aber, dass die Beteiligten ihre Freundschaft erhalten wollen, denn nur dann treiben Wortgefechte und Regelverletzungen die Freunde nicht auseinander, sondern fördern die Fähigkeiten, ein Problem zu bewältigen.

DER SPÄTERE EINFLUSS VON KINDERFREUNDSCHAFTEN

Freundschaften dienen als Auffangnetz und Puffer und helfen dem Kind, unangenehme Erfahrungen besser zu bewältigen.

Vorausgesetzt, dass Kinderfreundschaften die genannten Funktionen erfüllen, so ist zu fragen, ob die Art und Weise der Freundschaften eines Kindes auch dessen spätere soziale Anpassung nachhaltig beeinflussen wird. Untersuchungen zu dieser Fragestellung haben gezeigt, dass Kinderfreundschaften tatsächlich solche Langzeitwirkungen haben. Kinder mit engen Freunden haben demnach ein günstigeres Selbstbild und sind altruistischer als Kinder ohne enge Freunde. Sie sind optimistischer und stehen neuen Dingen oder Situationen weniger misstrauisch und ängstlich gegenüber. Dies mag vor allem daran liegen, dass Freunde einander helfen, unangenehme Erfahrungen in der Sozialwelt der Kinder zu bewältigen und abzufangen. Sie dienen sozusagen als Auffangnetz und Puffer. Zu fragen bleibt hierbei allerdings, ob diese Fähigkeiten durch die Freundschaft alleine entstehen oder ob Kinder mit solchen Merkmalen eher Freunde finden als Kinder, die nicht über solche Fähigkeiten verfügen.

Die Erfahrung, einen guten Freund oder eine gute Freundin zu haben, kann zum einen der Grund dafür sein, dass Kinder mehr Altruismus entwickeln und somit lernen, auch einmal zu Gunsten des Freundes oder der Freundin auf Dinge zu verzichten oder Sachen zu teilen. Zum anderen haben Kinder, die bereits gelernt haben, uneigennützig zu

In einer Studie von Carollee Howes berichtet eine Mutter: „Immer wenn ich kam, um Lisa zu holen, weinte sie und bekam einen Wutanfall. Jeden Tag aufs Neue war es ein Kampf, sie zum Nachhausegehen zu bewegen. Dann fuhren wir gemeinsam mit ihrem Freund Jan nach Hause, und dadurch wurde es viel leichter. Wir haben keine Probleme mehr."

handeln, es leichter, Freunde zu gewinnen und zu behalten. Denn Sie können sich gut in die Situation anderer versetzen und Hilfe gewährleisten, wenn es nötig erscheint. Man kann sich auf sie verlassen und vertraut ihnen.

Von besonderer Bedeutung ist dies, wenn ein Kind in den Kindergarten kommt oder eingeschult wird. Ein Freund oder eine Freundin dürfte es dem Kind wesentlich erleichtern, sich in der neuen und unvertrauten Umgebung schneller einzuleben. Somit hätte es eine Person, an die es sich wenden kann und die Schutz und Geborgenheit bietet.

Gefühle wie Schulangst oder Unlust gegenüber der Schule waren bei Kindern weniger vorhanden, wenn sie beim Wechsel vom Kindergarten in die Schule ein bester Freund oder eine beste Freundin begleitete.

VERTRAUEN IST WICHTIG

Vertrauensfähigkeit ist eine der wesentlichsten Funktionen von Kinderfreundschaften.

Vertrauen spielt auch bei Kinderfreundschaften mit zunehmendem Alter eine immer wichtigere Rolle. Einerseits können Kinder Vertrauen zu einem anderen Menschen, der außerhalb der Familie steht, aufbauen und andererseits kann das Kind sich selbst als vertrauenswürdig erfahren.

Diese sich entwickelnde, doppelte Vertrauensfähigkeit ist eine der wesentlichen Funktionen von Kinderfreundschaften. Sie stellt die Grundlage für die Entstehung und Beibehaltung von Beziehungen dar.

Das Vertrauen und die Sicherheit, die aus einer Freundschaft und aus einem Gruppenzugehörigkeitsgefühl erwächst, ist jedoch anders als die Sicherheit, die aus Elternbindungen resultiert. Eine günstige und wohlwollende Familiensituation trägt sehr wohl dazu bei, dass wir uns sicher und geborgen fühlen. Aber die Erfahrungen mit Gleichaltrigen und Freunden helfen uns, ein Bewusstsein unserer eigenen Identität und der sozialen Realität zu entwickeln, das allein durch die Familienerfahrung nicht vermittelt werden kann.

GRUPPENZUGEHÖRIGKEIT UND AUSSCHLUSS

Schon sehr früh in der Kindheit haben Kinder ein starkes Bedürfnis nach Gruppenzugehörigkeit, das nur Freundschaften mit Gleichaltrigen befriedigen können. Eine Form, in der sich dieses Bedürfnis ausdrückt, sind Ausschließungsakte:

Ausschließungsakte lassen sich als einen Weg verstehen, um die Gruppenzugehörigkeit zu unterstreichen.

Zwei Mädchen spielen im Sandkasten und wollen kleine Kuchen backen. Ein drittes Mädchen kommt hinzu und möchte mitspielen. Doch die beiden anderen wollen lieber alleine weiterbacken und weisen das Mädchen deutlich ab.

Steht man als Beobachter daneben, würde einem das abgewiesene Mädchen wahrscheinlich sehr Leid tun, und

man würde vielleicht versuchen, die beiden anderen zu überreden, das Mädchen doch mitspielen zu lassen. Aber solche Ausschließungsakte kommen in Kindergruppen recht häufig vor und lassen sich als einen Weg verstehen, um die Mitgliedschaft zu einer Gruppe zu unterstreichen und zu bekräftigen.

Schafft Ihr Kind es nicht, Mitglied einer Gruppe zu werden, so ist die Enttäuschung groß und Ihr Kind ist verletzt. Aber aus solchen misslungenen Versuchen, Beziehungen zu knüpfen, lernen Kinder ebenfalls: nämlich sich und andere besser einzuschätzen. Enttäuscht zu werden bedeutet ja, dass man sich getäuscht hat, im anderen oder in dem, was man selbst von sich erwartet. Aber nach und nach wird Ihr Kind besser abschätzen können, wer möglicherweise ein Freund werden könnte, wer also dem entspricht, was es erwartet.

WIE VIELE FREUNDE BRAUCHT EIN KIND?

Es gibt wohl nur wenige Eltern, die man erst davon überzeugen müsste, dass Freundschaften für ihr Kind wichtig sind. Ganz im Gegenteil, ein ruhiges Kind, dass lieber viel Zeit mit sich alleine verbringt, gilt in unserer Gesellschaft wahrscheinlich schon als „Problemfall“. Eltern und Lehrer sind darauf bedacht, dass die soziale Anpassung und das „In-Beziehung-Treten“ in den Mittelpunkt der Vorschul- und Grundschulklassen gerückt wird. Dadurch besteht aber die Gefahr, so argumentiert Sozialpsychologe Zick Rubin, dass Kinder einen „Anfreundeeifer“ entwickeln, der teilweise zur Besessenheit ausarten kann. So berichtet eine Achtjährige auf die Frage, wie ihr zumute wäre, wenn sie keine Freunde hätte: „Dann würde ich mich lieber umbrin-

Die Zahl der Freunde nimmt mit zunehmendem Alter immer mehr ab.

gen... Ich würde sogar mit King Kong Freundschaft schließen." Die allzustarke Betonung von Gleichaltrigenbeziehungen kann somit ungeahnte Folgen haben.

Das Bedürfnis, Freunde zu haben und mit anderen Menschen in Kontakt zu treten, sollte realistisch bleiben und dem Bedürfnis nach Rückzug und Alleinsein mehr Rücksicht zugesprochen werden. Allerdings bleibt offen, wie viele Freunde für Kinder wirklich wichtig sind.

Um dieser Frage nachzugehen, ist es von Bedeutung, dass man jüngere und ältere Kinder unterscheidet. Wenn Eltern bei ihrem Kind beobachten, dass es sehr schnell und häufig mit anderen Kindern „beste" Freundschaften schließt, dann hat das weniger mit einem wechselhaften und unzuverlässigen Wesen ihres Kindes zu tun, sondern eher mit dem Alter des Kindes. Jüngere Kinder (zwischen drei und sechs Jahren) nennen oft jeden, der ihnen sympathisch und wohl gesonnen ist, einen Freund, egal ob es sich dabei um Kinder oder Erwachsene handelt. Sogar Tiere werden dann als Freunde betitelt. Dies ändert sich aber mit zunehmendem Alter. Die Zahl der Freunde nimmt immer mehr ab. Für Acht- bis Zwölfjährige, so stellte Renate Valtin in einer Untersuchung über das Freundschaftsverständnis bei Kindern fest, gibt es neben ein paar anderen Freunden meist nur einen „besten" Freund. Somit wird der Kreis von Menschen, die in die engere Wahl kommen, um als „beste" Freunde bezeichnet zu werden, immer kleiner. Häufig bleibt es bei drei oder vier festen Freundschaften, die man als Kind erlebt hat.

2. Kapitel

WAS KINDER UNTER FREUNDSCHAFT VERSTEHEN

Kinder bilden und verändern ihr Freundschaftsverständnis im Umgang mit ihren Interaktionspartnern.

DIE ENTWICKLUNG DES FREUNDSCHAFTS-VERSTÄNDNISSES

Fast jeder glaubt, bei dem Wort Freundschaft zu wissen, was es bedeutet. Aber versucht man zu beschreiben, was Freundschaft ist, wird es schon schwieriger. Als Erwachsener würden einem Eigenschaften wie Nähe, Vertrauen, Hilfe, Verständnis, aber auch Eifersucht und Konflikte einfallen. Ist dies bei Kindern auch der Fall? Um etwas über das Freundschaftsverständnis von Kindern und seiner Entwicklung zu erfahren, ist es nötig, sie danach zu befragen. In der Erforschung des Freundschaftsverständnisses bei Kindern lassen sich zwei Ansätze oder Modelle unterscheiden: der inhaltsorientierte und der strukturalistische Ansatz.

Das klingt nun furchtbar wissenschaftlich, jedoch hängt von dieser Unterscheidung einiges ab. Je nachdem, welche Methode die Autoren der einschlägigen Fachbücher bevorzugen, können sie zu einem ganz unterschiedlichen Begriff von Freundschaft und damit zu anderen Empfehlungen für betroffene Eltern kommen.

DER INHALTSORIENTIERTE ANSATZ

Dem Begriff „Freundschaft“ kann man verschiedene Merkmale, wie Vertrauen, Nähe und Unterstützung, zuordnen. Nun wird mit Hilfe von Fragebögen oder Interviews untersucht, welche Bedeutung diese Merkmale für Kinder der jeweiligen Altersstufe haben.

Auf die Frage: „Was ist ein Freund oder eine Freundin“ geben Kinder verschiedenen Alters recht unterschiedliche Antworten. Drei- bis Sechsjährige erklären jemanden zum Freund oder zur Freundin, weil: „Er mich beim Spielen gewinnen lässt“, „Er mit mir spielt“ oder „Sie nebenan wohnt“ und „Sie lieb ist.“ Bei den Zweit- und Drittklässlern dominieren Antworten wie: „Wir streiten uns nicht so oft“, „Wir sind oft zusammen“ und „Ich kann mit ihr über fast alles sprechen.“

Antworten auf die Frage, was einen Freund oder eine Freundin ausmacht, sind zum Beispiel: „Wenn er ein Problem hat, sagt er mir alles und wir können darüber reden“, „Sie kann immer dicht halten und petzt nicht“, „Wenn man was sagt, was er nicht will, wird er nicht gleich böse oder zornig“ oder „Sie leiht mir was aus und macht bei allem Mist mit.“

Sag mir ein Merkmal, und ich weiß, wie du denkst.

Vergleicht man die Antworten der Kinder, dann fällt auf, dass jüngere Kinder andere Vorstellungen von Freundschaft haben und andere Ansprüche an eine Freundschaft stellen als ältere Kinder.

Im Entwicklungsmodell der Freundschaftserwartungen von Bigelow und LaGaipa werden diese Unterschiede in drei aufeinander folgenden Stufen dargestellt:

Die erste Stufe ist durch oberflächliche, äußere Aspekte der Beziehung gekennzeichnet. Gemeinsames Spiel und Unternehmungen sowie räumliche Nähe sind für Kinder auf diesem Niveau Bedingungen dafür, ein anderes Kind als Freund oder Freundin zu bezeichnen. Schaut man sich die oben genannten Antworten an, so könnte man das Freundschaftsverständnis der Drei- bis Sechsjährigen auf diesem Niveau einordnen.

Auf der zweiten Stufe spielen Freundschaftsnormen und Regeln eine wichtige Rolle. Kinder der zweiten und dritten Klasse legen viel Wert darauf, dass Freunde beispielsweise ein Geheimnis für sich behalten und sich entschuldigen, wenn diese Regel nicht eingehalten wurde. Kommt es zu solch einer Nichteinhaltung, so hat die Freundschaft keinen Bestand mehr, falls der Fehler nicht reumütig bekannt wird.

Dass bei einer Freundschaft auch psychische Beziehungsaspekte bedeutsam sind, wird erst auf Stufe drei deutlich. Hier lassen sich die Viertklässler einordnen, die nun Wert darauf legen, dass der Freund Verständnis für den anderen aufbringt, sich in die Lage anderer versetzen und dass man sich auf ihn verlassen und ihm vertrauen kann. Freundschaft dient jetzt nicht mehr zur Ermöglichung und Regelung von gemeinsamen Tätigkeiten, sondern neue Anforderungen müssen erfüllt werden, um ein Freund oder eine Freundin zu werden und zu bleiben.

SOZIALE ERFAHRUNGEN FÖRDERN DAS FREUNDSCHAFTSVERSTÄNDNIS

Der Freundschaftsbegriff eines Kindes lässt sich zwar in einzelne Begriffe zergliedern, diese stehen aber nicht unverbunden nebeneinander, sondern bilden einen ganzheitlichen Zusammenhang. Das Freundschaftsverständnis verändert sich im Laufe der kindlichen Entwicklung. Von einer Entwicklungsstufe zur anderen fallen die einzelnen Freundschaftsmerkmale nicht weg oder nehmen zu, sondern sie ändern sich in ihrer Bedeutung. Kinder entwickeln im Umgang mit Gleichaltrigen ein Verständnis dafür, was einen Freund oder eine Freundin von einem anderen Kind (Nicht-Freund, Gleichaltriger) unterscheidet. „Wir haben es also mit einer qualitativen und nicht mit einer quantitativen Veränderung des Freundschaftsbegriffes zu tun", gibt der Psychologe Jürgen Wagner zu bedenken.

Nach Meinung von James Youniss, einem Vertreter des strukturalistischen Ansatzes, übernehmen Kinder nicht einfach einen Freundschaftsbegriff, weder von den Eltern noch von den Gleichaltrigen, sondern sie bilden und verändern ihn selbst im Umgang mit ihren Interaktionspartnern.

Durch ihre Interaktionen mit Gleichaltrigen entdecken Kinder, dass sie sich sehr ähnlich sein, aber auch, dass Unterschiede auftreten können. Und in ihrem Streben nach Zusammensein merken Kinder, dass man fähig sein muss, die Wünsche und Vorstellungen des anderen zu berücksichtigen, was bedeutet, dass Verhalten koordiniert werden kann.

WECHSELSEITIGKEIT IST DER SCHLÜSSEL ZUR FREUNDSCHAFT

Das Verhalten koordinieren bedeutet, dass zwei Freunde ihr Verständnis von Freundschaft gemeinsam miteinander aushandeln, indem sie ihre Erwartungen dem anderen auch unmissverständlich zu verstehen geben, wenn diese Erwartungen verletzt wurden.

Das Verhalten des einen Partners wirkt auf das Verständnis des anderen und umgekehrt.

Das Handeln des einen Partners wirkt somit auf das Verständnis des anderen und umgekehrt. Der Freundschaftsbegriff wird dadurch von jedem Kind gedanklich konstruiert,

Thomas und Jörg haben sich aus Ästen und Zweigen eine Höhle gebaut. Sie ist ihr geheimer Aufenthaltsort, zu der kein anderer Zutritt haben soll. Mit einem Schwur weihen sie die Höhle feierlich ein. Sie verbringen nun viel Zeit in der gemeinsamen Zuflucht. Doch als Thomas eines Tages ein anderes Kind mit zur Höhle bringt, ist Jörg sehr enttäuscht. Schließlich sollte sie ja geheim bleiben. Jörg zeigt Thomas seine Enttäuschung, indem er ihn an ihren Schwur erinnert, den Thomas jetzt gebrochen hatte. Thomas wirkt ein wenig verlegen und merkt, dass er sich bei Jörg entschuldigen muss. Er gesteht seinen Fehler ein, und sie vertragen sich wieder.

und da beide Kinder gleichzeitig daran beteiligt sind, spricht Youniss hier von der „Ko-Konstruktion sozialer Perspektiven“. Das Verhältnis von Freunden wird als Symmetrie verstanden, bei der die Beeinflussung wechselseitig stattfindet. Aber Symmetrie führt nicht ausschließlich zu einer ausgeglichenen und harmonischen Beziehung. Wenn es zwischen den Kindern zum Streit kommt und beide sich gegenseitig die Schuld zuweisen, so führt Symmetrie entweder zu einer endlosen Auseinandersetzung oder zum Stillstand.

Um diesem Dilemma zu entgehen, ist es unerlässlich, in einigen Situationen auf strenge Gleichberechtigung zu verzichten. Dies ist dann möglich, wenn beide Kinder um des anderen und der Freundschaft willen auch mal auf ihr Recht verzichten können. Gleichzeitig wird dadurch ein höheres und reiferes Verständnis von Freundschaft erreicht.

DER FREUNDSCHAFTSBEGRIFF ENTWICKELT SICH VON STUFE ZU STUFE

Das Freundschaftsverständnis basiert auf der Koordination sozialer Perspektiven.

Robert L. Selman beschreibt die entwicklungsbedingten Veränderungen, die das Kind in seiner Auffassung zwischenmenschlicher Beziehungen zeigt. Demnach ist Freundschaft nur ein Bereich zwischenmenschlichen Verstehens, neben dem es noch die Bereiche Individuum, Gleichaltrigengruppe und Eltern-Kind-Beziehung gibt. Jeder Bereich umfasst mehrere „Themen“, und für die Freundschaft sind es: Zustandekommen einer Freundschaft, Nähe und Intimität, Vertrauen, Eifersucht, Konflikt und Konfliktlösung sowie Beendigung einer Freundschaft.

Selman geht von der Annahme aus, dass das Freundschaftsverständnis auf der Koordination sozialer Perspektiven basiert, die sich mit der zunehmenden Fähigkeit des Kindes, diese aufeinander beziehen zu können, verändert.

Perspektive bedeutet hier die Art und Weise, in der eine bestimmte Situation von einem Individuum wahrgenommen und beeinflusst wird.

Das Freundschaftsverständnis eines Kindes wird in einem Modell von fünf Stufen dargestellt. Diese Stufen sind hierarchisch geordnet, das heißt, dass die jeweils höhere Stufe auf der vorherigen aufbaut. Das Kind kann also eine obere Grenze (Stufe „4“) des zwischenmenschlichen Verstehens erreichen, muss jedoch stets auf vorherige Stufen zurückgreifen. Dies bedeutet, dass Kinder gleichen Alters sehr wohl auf verschiedenen Stufen eingeordnet werden können.

Enge Freundschaft als momentane physische Interaktion

Auf Stufe „0“ (Alter: 3–7 Jahre) ist das soziale Denken des Kindes dadurch gekennzeichnet, dass es noch nicht zwischen Freunden und Spielkameraden unterscheiden kann. Für Kinder auf diesem Niveau wird jemand zum Freund erklärt, der physische und funktionale Ähnlichkeit zu ihnen selbst aufweist. Nähe und Vertrauen sind ebenfalls durch die physische Orientierung geprägt. Ein guter Freund wohnt demnach in der Nähe, und einem Freund vertrauen bedeutet zu wissen, dass er eigene Spielsachen nicht kaputt macht. Kommt es dann doch zu Konflikten zwischen den Spielkameraden, so basieren die Lösungsstrategien wieder auf physischen Fähigkeiten: der Stärkere gewinnt oder man spielt mit etwas anderem. Und bei Themen wie Eifersucht oder Ausschließlichkeit ist die Sorge nicht auf den Verlust der Zuneigung oder der Aufmerksamkeit des Freundes gerichtet, sondern vielmehr auf den Verlust von Spielsachen und Bewegungsraum.

Enge Freundschaft als einseitige Hilfestellung

Auf Stufe „1“ (Alter: 4–9 Jahre) wird dem Kind nun bewusst, dass es durch Motive, Gedanken und Gefühle (innere psychische Phänomene) äußere, beobachtbare soziale Handlungen von Personen steuern und beeinflussen kann.

Es ist jedoch noch nicht fähig, sich in die Lage des anderen zu versetzen und beide Sichtweisen (Perspektiven) miteinander zu verbinden. Von daher ist jemand ein Freund, der weiß, was man möchte und dies mit einem zusammen macht. Und nur dann wird er auch als Freund gewählt! Vertrauen und die Lösung von Konflikten werden ebenfalls einseitig wahrgenommen. Unter einer vertrauensvollen Beziehung versteht das Kind, dass der andere sich ihm wohlwollend gegenüber verhält und sich als Verursacher bei Streitigkeiten bei ihm entschuldigt, indem er das Spielzeug zurückgibt oder ein Schimpfwort zurücknimmt. Geschieht dies nicht, so kann die Freundschaft aufgekündigt werden.

Enge Freundschaft als „Schönwetterkooperation"

Auf Stufe „2" (Alter: 6–12 Jahre) entwickelt das Kind dann die Fähigkeit, beide Perspektiven zu erkennen und zu verbinden. Das bedeutet, dem Kind wird bewusst, dass man Beziehungen um der sozialen Interaktion willen braucht und nicht nur, um zu bekommen, was man will, oder um Spiele spielen zu können. Es müssen also Vorlieben und Abneigungen koordiniert werden, um sich mit jemandem zu befreunden. Vertrauen und Nähe werden jetzt auch wechselseitig interpretiert, aber immer noch in einer Orientierung am eigenen Vorteil und nicht am Wohl der Beziehung selbst. Das heißt, dass Konflikte deutlich zwischen beiden Beteiligten angesiedelt werden, sodass beide dafür sorgen müssen, eine Lösung zu finden, die dann für beide zufrieden stellend ist. Jedoch scheint es für Kinder auf dieser Stufe schwierig zu sein, zu Gunsten des Freundes auf etwas zu verzichten oder Fehler einzugestehen. Die Lösung eines Konfliktes besteht entweder darin, dass man sich entschuldigt (und es auch so meint!) oder sich von dem anderen eine Weile distanziert, bis der Konflikt vergeben und vergessen ist. Entsprechend ist das Auflösen und Wiederherstellen von Freundschaften auf dieser Stufe besonders häufig.

Enge Freundschaft als intimer gegenseitiger Austausch

Auf Stufe „3“ (Alter: 9–15 Jahre) ist das Kind schließlich in der Lage, seine Freundschaftsbeziehung aus der Sicht eines Dritten zu betrachten. Die Freundschaft dient jetzt als ein Zusammensein mit gemeinsamen Interessen und gegenseitigem Austausch. Das Kind entdeckt, dass eine gute Freundschaft sich über einen größeren Zeitraum entwickelt, in dem beide Personen gemeinsame Erfahrungen machen und dadurch die Eigenschaften und Neigungen des anderen kennen lernen.

Nähe und Vertrauen bedeutet auf dieser Stufe, dass man intime und persönliche Dinge (Gedanken und Gefühle) mit dem anderen teilt und sich bemüht, die Beziehung aufrecht zu erhalten und zu vertiefen. Merkmale wie Eifersucht und Ausschließlichkeit spielen nun ebenfalls eine zentrale Rolle. Denn das Kind erkennt, dass gute Freunde ihre Beziehung auch zu schützen suchen und anderen nicht bereitwillig gestatten, sich einzumischen. Konflikte werden dadurch gelöst, dass man miteinander über das Problem spricht und dass eine für beide akzeptabel gefundene Lösung sogar die Beziehung stärken kann. Ein Trennungsgrund liegt dann vor, wenn ein Vertrauensbruch stattgefunden hat, etwa wenn vertrauliche Dinge an Dritte weitergegeben wurden.

Enge Freundschaft als Autonomie und Interdependenz

Auf Stufe „4“ (Alter: ab 12 Jahre) geht der Jugendliche oder junge Erwachsene davon aus, dass Menschen komplexe und unterschiedliche psychische und physische Bedürfnisse haben, die von unterschiedlichen Beziehungen (enge, intime Beziehungen, geschäftliche Beziehungen, lockere Bekanntschaften usw.) befriedigt werden können. Freundschaften werden nun als offene Beziehungssysteme gesehen, die sich ebenso wie die Personen verändern und entwickeln können. Die Freundschaft wird als Prozess gesehen, in dem sich Selbständigkeit (Autonomie) und wechselseitige Abhängigkeit (Interdependenz) miteinander in Ein-

Die gemeinsamen Interessen der Kinder gehen auseinander, oder sie befinden sich auf einem unterschiedlichen Niveau des Freundschaftsverständnisses.

klang bringen lassen. Ein guter Freund ist jemand, dessen Persönlichkeit mit der eigenen zusammenpasst. Vertrauen wird so verstanden, dass man wechselseitig dem anderen Beistand und Hilfe leistet, wenn es nötig erscheint, und ihm seine Freiheiten lässt, wenn er diese beansprucht. Somit wird Eifersucht aus einer gewissen Distanz betrachtet. Das Anerkennen und Bewundern anderer Beziehungen nimmt mehr Raum ein. Ein Konflikt wird durch Gespräche und beiderseitigem Bemühen um Einsicht und Selbstreflexion gelöst. Und die Ursache für eine Trennung wird darin gesehen, dass man sich auseinander leben kann, da sich Interessen und Einstellungen in der Entwicklung verändern können. Dies kann dann zur Auflösung der alten und zur Bildung einer neuen Freundschaft führen.

WIDERSPRÜCHE IM VERSTÄNDNIS SIND NICHT ALTERSABHÄNGIG

Dass zwischen dem Alter eines Kindes und dem Grad seines zwischenmenschlichen Verstehens kein zwangsläufiger Zusammenhang bestehen muss, wird auch in Selmans Modell deutlich. Der Schwankungsbereich bei den Lebensjahren, in denen Kinder anfangen, über Freundschaften auf bestimmten Stufen nachzudenken, ist sehr weit. So kann sich der Freundschaftsbegriff eines Sechsjährigen sowohl auf Stufe 0 als auch auf Stufe 1 oder 2 des Modells befinden, der eines Neunjährigen auf Stufe 1, 2 oder 3 und so weiter.

Im Gegensatz zum Gehenlernen, was bei einem Kind zwischen dem neunten und vierzehnten Monat stattfindet, ist die Entwicklung des sozialen Verständnisses nicht so leicht einzuordnen, da es von zweierlei abhängig ist: zum einen vom Grad der Entwicklung intellektueller Fertigkeiten und zum anderen von spezifischen sozialen Erfahrungen. In beiden Bereichen können sich Kinder sehr stark unterscheiden. Folglich sollte das chronologische Alter nicht unbedingt als Leitfaden für das soziale Verständnis von Kindern betrachtet werden, sondern eher als Hilfestellung.

Das Alter der Kinder sollte nicht als Leitfaden, sondern als Hilfestellung für das Freundschaftsverständnis dienen.

So treten zwischen den Antworten, die Kinder auf Fragen über Freundschaft geben, und der Art und Weise, wie sie zu ihren Freunden praktisch in Beziehung treten, häufig Widersprüche auf. Beispielsweise können Vorschulkinder, die die Freundschaft normalerweise als momentane physische Interaktion begreifen, sehr wohl fähig sein, Kompromisse einzugehen. Das bedeutet, dass ein Bewusstsein des Gebens und Nehmens in Beziehungen auch in diesem Alter möglich ist.

So sagt ein fünfjähriges Mädchen zu ihrer Freundin: „Na gut, du kannst der Puppe eine neue Frisur machen. Aber erst, wenn ich sie angezogen habe."

Auch ältere Kinder können sich in ihrem Verständnis von Freundschaft widersprechen. So beschreibt ein zehnjähriger Junge, dass er und sein Freund wunderbar zusammenpassen, „weil wir beide gleich groß und schlau sind und beide gerne Fußball spielen." Dieses Bewusstsein von Vereinbarkeit ist mit dem logischen Denken auf Stufe 3 in Selmans Modell zu vergleichen. Doch bei der Frage, was Kinder, die bisher die besten Freunde waren, dazu bringt, sich zu trennen, da fällt dem Jungen nur die Möglichkeit ein, „dass der Freund weggezogen oder auf eine andere Schule gekommen ist." Dies entspräche dann eher dem physischen Denken auf Stufe 0 in Selmans Schema. Dass Freunde sich auseinander leben, weil sich ihre Ansichten und Interessen verändert haben, konnte der Junge sich nicht vorstellen.

Wahrscheinlich hat er noch nicht sehr viele Erfahrungen mit dem Beendigen von Freundschaften gesammelt, denn soziale Erfahrungen wirken sich so aus, dass das Denken gegenüber dem Handeln immer verspätet einsetzt. Die Handlungen bilden somit das Rohmaterial, das bearbeitet werden muss, um zu einer neuen Einsicht zu gelangen. Soziale Erfahrungen bieten somit Impulse für die gedankliche Verarbeitung, die immer erst nachträglich erfolgt.

3. Kapitel

WIE UND MIT WEM KINDER FREUNDSCHAFTEN SCHLIESSEN

Die Freunde werden zu den engsten Vertrauten, von denen man emotionale Unterstützung und Nähe erwarten kann.

DER BEGINN VON FREUNDSCHAFTEN

Oftmals entstehen Kinderfreundschaften im Lauf alltäglicher Aktivitäten, ohne dass sich die Kinder bewusst gegenseitig aussuchen oder Aufmerksamkeit schenken würden – sozusagen rein zufällig: Zwei Kinder lernen sich auf dem Spielplatz im Sandkasten kennen, oder sie sitzen im Kindergarten beim Essen immer nebeneinander. Aus anfänglicher Sympathie entwickelt sich eine Freundschaft.

Ein zehnjähriges Mädchen erinnert sich, wie sie ihre erste Freundin kennen gelernt hat:
„Es war an einem Samstag. Wir waren damals, glaub ich, drei Jahre alt. Ich war mit meiner Mutter zum Spielplatz gegangen. Und als ich im Sandkasten gespielt habe, da kam dann ein Mädchen auf mich zu. Wir blickten uns eine Weile an. Dann hat sie sich zu mir in den Sandkasten gesetzt, und wir haben zusammen Kuchen gebacken. Wir nannten uns die besten Freundinnen, was bis heute gehalten hat."

Freundschaften werden nicht willkürlich geschlossen, sondern entstehen in einem fortschreitenden Prozess.

Manchmal ist diese „Freundschaft auf den ersten Blick" aber nicht von langer Dauer, da ihr Bindeglied nicht die Wertschätzung, sondern allein die Sympathie ist. Freundschaften werden demnach nicht willkürlich und mit jedem geschlossen, sondern entstehen in einem fortschreitenden Prozess, bei dem sowohl personale als auch situative Aspekte eine Rolle spielen. Diesen Prozess, der eher unbewusst stattfindet, kann man in drei Abschnitte einteilen:

1. das Sammeln von Eindrücken des anderen aus der Distanz,

2. erste Treffen und Verabredungen sowie

3. regelmäßige Treffen und wechselseitige Bindung.

Dabei wird eine Art Aussieben oder Selektion möglicher Freunde betrieben, sodass in jedem Stadium einige wegfallen werden.

DER ERSTE TAG IM KINDERGARTEN

Aber bevor ein Kind mit jemandem gut Freund werden kann, ist immer ein erster wichtiger Schritt zu bewältigen: die Kontaktaufnahme. Einigen Kindern fällt dieser Schritt überhaupt nicht schwer, sie sind schnell im Geschehen drin und fühlen sich sichtlich wohl dabei. Und andere Kinder brauchen viel Zeit, um mit den neuen Spielkameraden „warm“ zu werden. Es scheint also nicht immer so einfach zu sein, Kontakte zu knüpfen.

Der Eintritt in den Kindergarten bedeutet für viele Kinder einen Neubeginn in vielerlei Hinsicht.

Der Eintritt in den Kindergarten bedeutet für viele Kinder ein Neubeginn in vielerlei Hinsicht. Sowohl das räumliche als auch das soziale Umfeld ist neu. In den ersten Tagen müssen sie sich also erst einmal an diese Veränderungen gewöhnen und meiden anfangs oft den Kontakt zu ihren Gleichaltrigen. So ein Neuanfang löst bei vielen Kindern auch Stress in Form von Angst aus.

Wie lange die Eingewöhnungsphase dauert, kann nicht so genau vorhergesagt werden und ist auch von Kind zu Kind verschieden. Jedoch scheint die Isolierung der Neuankömmlinge schon nach wenigen Tagen beendet zu sein, und nach ein paar Wochen unterscheiden sie sich kaum noch von den anderen Kindern. Die anfängliche Unbeweglichkeit nimmt immer mehr ab, und auch das verlegene Nesteln an der Kleidung oder an den Haaren wird zunehmend weniger. Dafür steigert sich das Herumgehen- und

Ein gemeinsamer Besuch im Kindergarten hilft Ihrem Kind Angst abzubauen.

Schauen wir doch mal, was passiert, wenn ein Kind neu in den Kindergarten kommt:
Nun war er endlich da, der erste Tag für Tina im Kindergarten. Sichtlich aufgeregt läuft sie neben ihrer Mutter auf das Gebäude zu. Sie war schon zweimal mit ihrer Mutter dort gewesen, um ein wenig in die neue Umgebung reinzuschnuppern. Doch heute wird es ernst, denn sie muss ihren ersten Tag alleine dort bewältigen. Es herrscht ein großes Treiben im Raum, da die Kinder gerade Fangen spielen.
Tina bleibt in einer Ecke des Raumes stehen und schaut sich das Spektakel an. Nach einer Weile hören die Kinder auf zu spielen und bekommen von der Erzieherin die Aufgabe gestellt, ein Bild für die Mutter zum Muttertag zu malen.
Auch Tina setzt sich an einen der Tische, doch eher ein wenig abseits von den anderen, und sie ist auch mehr damit beschäftigt, sich alles anzuschauen, als selbst zu malen. Als ein Mädchen Tina ihr gemaltes Bild zeigt, schaut sie verlegen zur Seite und fängt an, ihr eigenes Bild zu malen.

laufen stetig. Die Kinder werden selbst offener und, was ganz wichtig ist, nun auch von der Gruppe intensiver wahrgenommen und integriert.

Besuchen Sie doch vor dem Eintritt Ihres Kindes einmal mit ihm gemeinsam den auserwählten Kindergarten. Das hilft Ihrem Kind, sich an alles schneller zu gewöhnen, und die Umgebung erscheint ihm dann nicht mehr so fremd.

ERSTE ANNÄHERUNGSVERSUCHE

Kinder in diesem Alter bevorzugen vor allem die materielle Kontaktaufnahme. Dabei wenden sie „einfache Taktiken" an, wie das Umkreisen und Beobachten der Spielsituation, ohne ihre Teilnahme vorher anzukündigen (nonverbaler Zugang). Nachdem sie sich dann sicherer fühlen, verbinden sie diese Strategie mit einer weiteren, indem sie eine Variante des Spielverhaltens zeigen oder Anspruch auf einen Platz oder Gegenstand erheben.

Sich mit Hilfe von Zugangsstrategien Kontakte zu anderen Kindern erschließen

So auch beim vierjährigen Tim.
Aus einer sicheren Entfernung beobachtet er lange Zeit neugierig zwei Jungen, Piet und Clemens, wie sie im Kindergarten an einem Tisch sitzen und versuchen, aus Papier und Pappe eine Laterne zu basteln.
Nach einer Weile wird Tim mutiger und geht auf die beiden Jungen zu. Er spricht sie nicht an, sondern schaut immer noch ihrem Treiben aufmerksam zu.
Dann endlich greift er in das Geschehen ein und nimmt sich ein Stück Papier: „Ich möchte auch eine Laterne basteln." Piet findet das gar nicht gut und reißt es ihm sofort wieder aus der Hand: „Hey, das ist unser Papier."
Tim geht ein Stück zur Seite und beobachtet weiter. Dann, nach ein paar Minuten, bietet er Clemens, der gerade dabei ist, Papiersterne mit Klebstoff zu bestreichen, ein anderen Papierstern an: „Hier hast du noch einen Stern. Der würde doch schön darauf aussehen, nicht?" „Ja, hier sind noch ganz viele", erwidert Clemens und zeigt Tim die anderen Papiersterne, die auf die Laterne sollen. Tim hat es geschafft und darf mitmachen.

Die verschiedenen Verhaltensweisen von Tim haben bei den Kindern unterschiedliche Reaktionen hervorgerufen. Auf Störungen und Besitzansprüche wird häufig mit Abweisung und Zurechtweisung reagiert. In dem obigen Beispiel fühlte Piet sich von dem „Störenfried“ bedrängt und wies ihn zurück. Es handelt sich hierbei um eine „Schutzstrategie“, die eingesetzt wird, um Eindringlinge von der Spielzone fernzuhalten. Dies ist häufig der Fall, wenn zwei oder mehr Kinder für sich eine Tätigkeit strukturiert und definiert haben. Auch das Umkreisen und langsame Annähern von Tim wurde ignoriert, sodass er noch keinen Anschluss finden konnte. Also musste eine weitere „Zugangsstrategie“ eingesetzt werden. Denn erst das Anbieten von Spielsachen (hier der Papierstern) und das Variieren der beobachteten Spielsituation wurde von einem der Kinder positiv wahrgenommen und führte somit zur Akzeptanz des Kindes.

Durch hartnäckiges Bemühen Anschluss finden.

Ihr Kind wird versuchen, durch hartnäckiges Bemühen Anschluss zu finden und dabei wahrscheinlich die alten Taktiken wiederholt zum Einsatz bringen, auch wenn diese nicht schnell zum Erfolg führen. Da keine Strategie immer erfolgreich oder immer erfolglos ist, heißt die Devise: Nicht locker lassen! Mit der Zeit wird sich Ihr Kind ein eigenes Repertoire von „Zugangsstrategien“ aneignen, das ihm helfen wird, schneller den Anschluss an die Gruppe zu finden.

HALLO, DARF ICH MITSPIELEN?

Kinder im Kindergartenalter sind also sehr darauf bedacht, das Verhalten ihrer Spielkameraden zu erkunden, sich daran anzupassen, um sich dann langsam zu integrieren. Ihre Kontaktaufnahme ist dementsprechend mehr auf das Verhalten als auf verbale Kommunikation gerichtet. Von anderen Kontaktmöglichkeiten, wie der Bitte, mitspielen zu dürfen oder Fragen zum Spiel zu stellen sowie die anderen Kinder zu begrüßen, machen diese Kinder nur wenig Gebrauch. Dies ist eher bei Vorschul- und Schulkindern die Regel.

Die verbalen Annäherungsversuche im Kindergartenalter können häufig fehlschlagen.

Ein Grund dafür wäre, dass jüngere Kinder noch nicht sehr erfahren dabei sind, mit anderen Kindern in Kontakt zu treten, und auch die verbale Ausdrucksfähigkeit bei einigen Kindern noch nicht sehr ausgereift ist. Um ein anderes Kind direkt anzusprechen, fehlt es ihnen noch an Kompetenz und Übung. Ein anderer Grund könnte sein, dass solche direkten Annäherungsversuche die angesprochenen Kinder ebenfalls zu einer direkten Reaktion auffordern würde, was in den meisten Fällen eher negativ ausfällt. Auf ein „Hallo, was macht'n ihr da?" folgt oftmals kein Echo oder wird mit einer klaren Absage geantwortet: „Wir backen Kuchen, ohne dich." Und bei einem direkten „Kann ich mitmachen?" wird ebenso hart mit einem „Nein!" gekontert.

Besonders betroffen sind solche Kinder, die als Außenstehende noch kein hochgradig akzeptiertes Gruppenmitglied sind und insofern auch keine „Zugangs-Sonderrechte" besitzen. Ihnen bleibt nichts anderes übrig, als vorsichtig die Situation auszukundschaften, sich allmählich an die anderen Kinder anzunähern und sich dann beiläufig in die Aktivitäten einzugliedern. Ähnlich wie Tim in dem dargestellten Beispiel.

WANN ES GÜNSTIG IST, KINDER DIREKT ANZUSPRECHEN

Direkte Annäherungen sind für Kinder dieser Altersgruppe eher dann von Vorteil, wenn sie sich einem einzelnen Kind anschließen wollen, das noch nicht an einer Gruppenaktivität teilnimmt. Somit würde es eine Zweisamkeit nicht un-

Für Schulkinder wird die direkte Ansprache eines Kindes immer wichtiger.

terbrechen und stören, und vielleicht ist das andere Kind ja auch ganz froh darüber, dass es jetzt nicht mehr alleine spielen muss. Denn gerade schüchterne Kinder, die neuen Anschluss suchen, bleiben oftmals alleine bei ihren Vergnügungen, weil es ihnen an Mut und Zutrauen fehlt, auf andere zuzugehen. Und in bestimmten Situationen sind jüngere Kinder einfach noch auf die Hilfe der Erzieher oder Eltern angewiesen, die ihnen helfen, Gespräche oder Spielsituationen mit anderen Kindern zu ermöglichen oder einzuleiten.

Für Kinder, die schon in die Vorschule oder Schule gehen, erlangen verbale Formeln für das Anknüpfen von Interaktionen mit Gleichaltrigen größere Bedeutung. Da sie im Kindergarten bereits differenzierte Techniken erlernt haben, um mit anderen in Kontakt zu treten, nimmt der Prozess des Kennenlernens weniger Zeit in Anspruch und schreitet schneller voran.

Kinder, die beim Kontakteknüpfen erfolgreich sind und dadurch schon einige Bekannte oder Freunde haben, können sich vermutlich viel entspannter und sicherer in einer neuen Umgebung bewegen als einander fremde Kinder. Denn sie fühlen sich geborgener als Kinder, die noch keinen aus der Gruppe kennen. Das gibt ihnen die Möglichkeit, weniger Zeit mit der Erkundung des Raumes zu verbringen, als vielmehr zu gucken, mit wem man am besten spielen kann. Sie merken wahrscheinlich auch eher, wer von den fremden Kindern eventuell Hilfe braucht, um mit allem vertraut zu werden. Wenn ein Kind früh gelernt hat, sich in andere hinein zu fühlen, kann es sich auch fragen, was ein Kind empfinden mag, dass noch fremd ist und Anschluss sucht. Es kann ihm Hilfe anbieten, indem es das betroffene Kind anspricht, ihm die neue Umgebung zeigt und zum Mitspielen auffordert.

HABEN BELIEBTE KINDER ES LEICHTER?

Diese Frage scheint nicht nur Eltern, sondern auch Kinder stark zu beschäftigen. Alleine zu sein, ohne Freunde zu spielen und ausgeschlossen zu werden, davor haben alle Angst. Doch Beliebtheit und die Fähigkeit, schnell Freunde zu gewinnen, ist leider nicht angeboren. Und dennoch, Beliebtheit bedeutet nicht ausschließlich, dass man auch viele Freunde hat. So kann ein Kind bei vielen beliebt sein, weil seine Eltern vermögend sind und es deshalb schönere Spielsachen hat als andere Kinder. Oder ein Kind, das sehr gute Noten in der Schule hat und andere Kinder manchmal abschreiben lässt, kann ebenfalls beliebt sein. Aber sind diese Kinder auch als Freunde begehrt? Was macht ein Kind als Freund beliebt?

Durch ihre Kontaktfreudigkeit und ihr offenes Verhalten schenken beliebte Kinder ihrem Gegenüber viel Aufmerksamkeit und werden zu begehrten Spielpartnern und Freunden.

Als mögliche Freunde sind vor allem diejenigen Kinder sehr beliebt, die extravertiert, gesellig, altruistisch, durchsetzungsfähig und fantasievoll sind. Sie gehen schneller auf andere Kinder zu, haben mehr Austausch mit anderen, sprechen mehr und haben tolle Ideen für neue Spiele.

Die sozialen Kompetenzen, die für das Anbahnen und Aufrechterhalten von Freundschaften wichtig sind, beherrschen sie in beeindruckender Weise. Durch ihre Kontaktfreudigkeit und ihr offenes Verhalten schenken sie ihrem Gegenüber viel Aufmerksamkeit und bestärken es auch in dessen Handeln. Denn sie sind fähig, die anderen sowohl zu integrieren als auch eigene Ansprüche durchzusetzen. Somit vermitteln sie dem anderen Kind einerseits ein sicheres Gefühl der Verbundenheit, aber spornen es andererseits auch an, neue Eindrücke zu verarbeiten und umzusetzen.

Das bedeutet jedoch nicht, dass aufgeschlossene und unbefangene Kinder immer beliebt sein müssen. Auf das

Linda ist bei ihren Klassenkameraden sehr beliebt. Sie ist immer lustig gekleidet und hat dauernd gute Einfälle, wenn es darum geht, was man spielen könnte. Aber auch wenn es Probleme gibt, schafft sie es sehr oft, eine Lösung zu finden.
Neulich wollten zwei Kinder gemeinsam nebeneinander auf der Rutsche rutschen. Doch die Rutschbahn war zu schmal dafür. Sie mussten einsehen, dass nur einer alleine rutschen kann. Doch wer darf nun zuerst runtersausen?
Keines der beiden Kinder wollte dem anderen den Vortritt geben. Eine Kabbelei ging los, und sie fauchten sich gegenseitig an, endlich die Bahn frei zu machen. Linda bemerkte ihr Problem und machte den Vorschlag, doch hintereinander eng umschlungen zu rutschen. So würden sie gemeinsam rutschen können, und jeder der beiden könnte einmal vorne und einmal hinten sitzen. Die beiden Streithähne fanden den Vorschlag gut, und andere Kinder machten ihnen den Spaß schnell nach.

rechte Maß kommt es eben an. Denn es gibt Kinder, die ebenfalls ungehemmt auf andere zugehen, die viel reden und ihren Willen gerne durchsetzen. Doch werden sie von ihren Klassenkameraden eher als aufdringlich oder als Angeber eingestuft, wie eine Neunjährige deutlich macht: „Den Jonas mag ich nicht so gerne, der meint immer der Beste sein zu müssen. Und außerdem mischt er sich überall ein und gibt dauernd seinen Senf dazu ab."

Wer als Freund einbezogen und akzeptiert werden will, sollte seinerseits für andere offen, einfühlsam und fähig sein, den anderen zu akzeptieren.

SOZIALER STATUS – MITENTSCHEIDEND?

Welchen Beliebtheitsgrad Kinder besitzen, hängt auch von ihrer sozialen Position ab. Je höher der soziale Status eines Kindes ist, desto leichter gelingt ihm der Anschluss an eine andere Gruppe. Sowohl beliebte als auch unbeliebte Kinder wissen sehr wohl über ihre Stellung innerhalb der Gruppe, Klasse oder des Freundeskreises Bescheid. Beliebte Kinder stehen häufig im Mittelpunkt, sind begehrte Spielkameraden, freundlich, selbstbewusst und selbstsicher, was ihnen einen leichten Zugang zu sozialen Ressourcen und Lernmöglichkeiten einbringt. Ihr Kommunikationsvermögen ist weit entwickelt, sodass es ihnen einfach besser gelingt, mit anderen Kindern in Kontakt zu treten.

Je höher der soziale Status in der Gruppe, desto leichter ist der Zugang zu sozialen Ressourcen und Lernmöglichkeiten.

Sie wissen also im Gegensatz zu unbeliebten Kindern ihre Zugangsstrategien gezielt einzusetzen, um Erfolg zu haben. Diese verfügen zwar über ein ähnliches Repertoire an Kontaktstrategien wie beliebte Kinder, aber ihnen gelingt nicht so gut der geschickte Umgang damit. Ihnen fällt es schwerer, die richtige Strategie am richtigen Ort einzusetzen. Das hieße dann für einige Kinder, zu lernen, nicht zu dick aufzutragen, und andere wiederum müssten versuchen, ein wenig mehr aus sich herauszukommen.

Aber das Wissen allein, wie man Freunde gewinnt, bietet noch lange keine Garantie dafür, sozialen Erfolg zu haben. Es gibt Kinder, die beispielsweise in einem Rollenspiel im Bereich der sozialen Fertigkeiten sehr gut abschneiden, doch in der praktischen Umsetzung nicht willens oder fähig sind, diese Fertigkeiten auch anzuwenden.

Die Änderung eines sozialen Status innerhalb der Gruppe ist kein leichtes Unterfangen, aber auch nicht unmöglich. Wichtig ist, dass die Kinder in ihrer natürlichen

Umgebung mit Unterstützung der Lehrer oder Erzieher die Möglichkeit bekommen, ihr Verhalten ändern zu können. Dabei ist zu beachten, dass man sie darauf aufmerksam macht, welches Verhalten vielleicht nicht so gut war und wie sie es beim nächsten Mal besser machen könnten. Doch sollte das auf einfühlsame und konstruktive Weise geschehen. Positive Unterstützung ist bei diesen Kindern sehr wichtig, sodass ihr Selbstwertgefühl gesteigert wird. Denn ein Lob im richtigen Moment hat wohl noch niemandem geschadet.

Bei Kindern, die Schwierigkeiten im Umgang mit ihresgleichen haben, ist ein Rat oder der Rückhalt eines geachteten Gleichaltrigen oftmals eine große Stütze und in manchen Fällen hilfreicher als eine ähnliche Intervention von Eltern oder Lehrkräften.

WIR PASSEN GUT ZUSAMMEN

Wenn es um die Auswahl von Freunden geht, so sind Kinder sehr wählerisch und bevorzugen eher diejenigen als Freunde, die ihnen ähnlich sind. Sie müssen also gut zu ihnen passen. Wissenschaftler sprechen hier von der „Ähnlichkeitshypothese“, die sich auf Alltagsbeobachtungen stützt. Nach dieser Hypothese suchen sich sowohl jüngere als auch ältere Kinder ihre Freunde vorzugsweise aus der Gruppe der Gleichaltrigen aus. Dies liegt einerseits daran, dass in den westlichen Gesellschaften soziale Beziehungen im Kindesalter meist in institutionellen Gruppen wie Kindergarten oder Schulklassen stattfinden, die relativ altershomogen sind. Andererseits stimmen Gleichaltrige in vielen allgemeinen Merkmalen überein.

Beispielsweise wählen jüngere Kinder jemanden als Freund, der ihnen als guter Spielpartner dient. Aufgeweckte

Kinder, die viel in Bewegung sind und offen auf andere zugehen, werden sich mit Vorliebe solchen Kindern zuwenden, die ebenfalls vor Energie strotzen. Mit ihnen können sie ihre gemeinsamen Aktivitäten besser umsetzen als mit einem Kind, das verschüchtert oder abweisend auf solche Aktionen reagiert. Haben sich erst einmal zwei Kinder vom gleichen Schlag gefunden, so steht den ersten geplanten Treffen und Verabredungen eigentlich nichts mehr im Wege.

Gleich und Gleich gesellt sich gern.

VERANTWORTUNG ÜBERNEHMEN UND GEHEIMNISSE WAHREN

Im Schulalter wählen Kinder dann diejenigen als Partner, die ähnliche soziale Reife und entsprechende Verhaltensweisen erkennen lassen. Vor allem müssen sie zuverlässig und verständnisvoll sein, denn ab dem Alter von zehn Jahren beginnen Kinder ihre Freunde als wichtigste soziale Bezugsgruppe zu sehen.

Die Kinder fangen an, sich langsam von den Eltern zu lösen – sowohl räumlich als auch psychisch. Bei nun regelmäßigen Treffen an bestimmten Orten werden Geheimnisse ausgetauscht und persönliche Schwierigkeiten besprochen. Die Freunde werden zu den engsten Vertrauten, von denen man emotionale Unterstützung und Nähe erwarten kann. Das bedeutet aber auch, dass das Kind lernen muss, Verantwortung zu übernehmen. Geheimnisse, die ihm anvertraut werden, dürfen auf keinen Fall weitererzählt werden.

Ein zehnjähriges Mädchen erklärt überzeugt: „Auf jeden Fall darf sie nicht petzen oder so. Wenn ich ihr was erzähle, muss sie immer dicht halten können, ansonsten ist sie nicht meine Freundin.“ Und andersherum erwarten Freunde, dass sie die ersten Ansprechpartner sind, wenn es

Probleme gibt. Eine Neunjährige berichtet traurig: „Also, was ich wirklich doof finde ist, dass sie's mir nicht gesagt hat. Ehrlich, das macht mich echt wütend und traurig."

DER KLEINE UNTERSCHIED

Je nachdem, wie Eltern und Erzieher die Aktivitäten der Kinder mitbestimmen, können eher gleich- oder auch gemischtgeschlechtliche Beziehungen angestrebt werden.

Die Präferenz für das gleiche Geschlecht ist sowohl bei den jüngeren als auch bei den älteren Kindern vorhanden. Zwar gibt es auch gemischt-geschlechtliche Freundespaare, aber diese sind bei Schulkindern eher seltener und dann meist außerhalb des Klassenverbandes anzutreffen. Den Kindern ist es peinlich, und sie möchten mögliche Hänseleien der Mitschüler vermeiden. Erst mit der Pubertät wird das Interesse für das andere Geschlecht stärker, und es wird auch nicht mehr geheim gehalten, sondern öffentlich gezeigt. Da werden Liebesbriefchen geschrieben, in der Pause steht man zusammen und quatscht oder man neckt sich in einem fort.

Hier sind vor allem die Sozialisationserfahrungen der Kinder von Bedeutung. Je nachdem, wie Eltern und Erzieher die Aktivitäten der Kinder mitbestimmen, können eher gleich- oder gemischtgeschlechtliche Beziehungen angestrebt werden. Kinder, die beim Spielen vorwiegend Erfahrungen mit dem gleichen Geschlecht sammeln, werden wohl mehr dazu tendieren, Freunde des gleichen Geschlechts zu suchen als Kinder, die auch mit dem anderen Geschlecht zusammen spielen.

POSITIVES FEED-BACK VON FREUNDEN

Neben dem Alter und dem Geschlecht sind auch Persönlichkeitsmerkmale und Interessen bei der Freundschaftswahl wichtige Kriterien. Dabei ist es von großer Bedeutung,

Das Schuljahr hatte gerade erst begonnen, und der Wechsel in eine andere Schule kam für Gitta und Julie zur gleichen Zeit. Sie kannten sich noch nicht, waren sich aber schon ein paar Mal auf dem Hof der alten Schule begegnet. Da beide in die gleiche Klasse eingeteilt wurden, setzten sie sich zusammen an eine Schulbank.
Sie kamen schnell ins Gespräch, und als sie bemerkten, dass sie die gleiche Musikgruppe verehrten, konnten sie ihre Freude darüber kaum zurückhalten. „Was, du bist auch ein Fan von denen?" fragte Julie ihre Sitznachbarin ganz aufgeregt, „ich war schon dreimal bei denen auf'm Konzert. Hast du alle Platten von ihnen?" „Nein, aber wir können uns ja mal zusammen treffen und unsere Platten tauschen", erwiderte Gitta fröhlich. „Au ja, das ist eine prima Idee. Hast du morgen Zeit?" „Ja, so um vier?" „Okay, das wird bestimmt lustig."

Die gleiche Einstellung zu einem bestimmten Thema kann die Freundschaft fördern.

dass zwei mögliche Freunde ähnlich denken und handeln. Denn diese Ähnlichkeiten ermutigen zu Interaktionen und fördern soziale Vergleiche. Das Kind merkt, dass es in einer zuvor nicht gekannten Hinsicht einen Verbündeten hat, der seine Ansichten und Interessen teilt. Jüngere Kinder kann schon die Entdeckung, dass sie beide die gleichen Schuhe tragen oder beide gerne mit Murmeln spielen, in höchste Freude versetzen. Und bei älteren Kindern kann es die Freundschaft fördern, wenn sie merken, dass ein anderes Kind die gleiche Einstellung zu einem bestimmten Thema hat.

Die Wahl eines Freundes oder einer Freundin hängt auch davon ab, wie stark der oder die andere als „belohnend" empfunden wird. Das heißt, ob sie einen mögen, an einem interessiert sind und einen so sehen, wie man sich selbst sieht.

Allerdings führt nicht jedes freundliche Verhalten dazu, mit jemandem Freund zu werden. Ob eine liebevolle Geste oder Handlung auch tatsächlich vom anderen Kind als belohnend empfunden wird, hängt davon ab, wie diese Zuneigung ausgedrückt und interpretiert wird und wie das Verhältnis der beiden Kinder zueinander ist.

GEGENSÄTZE ZIEHEN SICH AN

Gegensätze spielen eine zentrale Rolle im Prozess der psychologischen Entwicklung der Kinder.

Dass Freunde und Freundinnen sich zueinander hingezogen fühlen, weil sie gleich alt sind, die gleichen Interessen haben und auch ähnlich über bestimmte Sachverhalte denken, sollte jedoch nicht den Blick dahingehend verdecken, dass sie dennoch zwei unterschiedliche Individuen und Persönlichkeiten sind. Denn häufig finden sich zwei Kinder deshalb zusammen, weil sie sich prächtig ergänzen können. Jedes der beiden Kinder kann etwas in die Beziehung hineintragen und somit auch etwas von dem anderen lernen.

Ein siebenjähriger Junge berichtet: „Der Nils und ich sind wirklich gute Freunde. Letztes Jahr hat er mir beigebracht, wie man richtig angelt, und ich hab ihm dann gezeigt, wie man selber Feuer macht. Das hat echt Spaß gemacht. Und uns fällt immer wieder was Neues ein."

Nicht nur, dass Kinder von ihren Freunden Dinge lernen, die sie vorher nicht kannten. Auch im Verhalten können zwei unterschiedliche Charaktere voneinander profitieren. Ein offener, wilder und unternehmungslustiger Junge schließt sich möglicherweise einem Jungen an, der ruhiger und ernster ist und somit mäßigend und zügelnd wirkt. Oder ein stilles zurückhaltendes Mädchen befreundet sich mit einem extravertierten, lustigen Mädchen, das ihm hilft, ein wenig aus sich herauszukommen.

Diese Gegensätze zwischen Freunden spielen eine zentrale Rolle im Prozess der psychologischen Entwicklung der Kinder. Denn mit zunehmendem Alter lernen Kinder, die Unterschiede zwischen sich und ihren Freunden zu ertragen und zu würdigen. Sie erkennen, dass jeder eigene Vorstellungen vom Leben hat und dass man versuchen kann, diese zu verbinden. Der Freund oder die Freundin gibt, was dem oder der anderen fehlt und dient gleichzeitig als Modell der gewünschten Eigenschaft, die dann nachgeahmt und verinnerlicht werden kann. Ist dieses Geben und Nehmen wechselseitig, so ist der Grundstein für eine gute Freundschaft gelegt.

UNTERSCHIEDE ZWISCHEN JUNGEN- UND MÄDCHENFREUNDSCHAFTEN

Wissenschaftliche Untersuchungen über Freundschaftsbeziehungen von Jungen und Mädchen weisen überwiegend darauf hin, dass die Freundschaften von Mädchen durch mehr Intimität und Intensität geprägt sind als bei Jungen. Bereits die jüngeren Mädchen betonen den Austausch von Vertraulichkeiten, öffnen sich eher als Jungen und berichten über ein großes Maß an Selbstenthüllungen.

Mädchen mögen lieber die traute Zweisamkeit und Jungen fühlen sich in größeren Gruppen wohler.

Die amerikanische Psychologin Wyndol Furman fand in einer Untersuchung heraus, dass sogar einander nicht bekannte Mädchen, die in einer fremden Umgebung miteinander spielten, sich viel mehr mitteilten als Jungen in der gleichen Situation. Diese erweckten eher den Eindruck, größeres Interesse am Zusammenspiel zu haben als miteinander bekannt zu werden. Außerdem scheinen Jungen ausgedehntere (extensivere) Freundschaften zu führen und lieber in großen Gruppen zu spielen als Mädchen, die eher Zweiergruppen oder kleinere Gruppen bevorzugen.

Somit wurde häufig der Schluss gezogen, dass Mädchen lieber in vertrauter Zweisamkeit mit ihrer Freundin sein wollen und anderen den Zutritt zu dieser Einheit verwehren. Sie würden also exklusivere Freundschaften führen als Jungen.

Schenkt man diesen Ergebnissen Glauben, so bleibt doch zu hinterfragen, wie diese Unterschiede zu Stande kommen. Spiegeln sie angeborene Verhaltensmuster wider oder ist es die Umwelt, die ihren Einfluss darauf ausübt?

TRADITION UND STEREOTYPEN

Stereotypisierungen haben Einfluss auf die Struktur der Gruppe und die Art der Freundschaft.

Auch wenn unsere heutige Gesellschaft toleranter und emanzipierter geworden ist, bleiben doch viele Traditionen erhalten. So werden Mädchen im Allgemeinen als lieb, zurückhaltend und freundlich bezeichnet, und Jungen werden eher dem Typ des wilden und lauten Rowdys zugeordnet. Solche Stereotypisierungen schlagen sich unweigerlich auch auf die Interessen und Aktivitäten der Kinder nieder.

Mädchen werden dementsprechend eher dazu aufgefordert, mit Puppen zu spielen oder Bilder zu malen und zu basteln, was in kleineren Gruppen wahrscheinlich besser gelingt als in großen. Bei Jungen wird versucht, ihren Drang nach „Action“ dadurch zu stillen, dass sie zu physischen Aktivitäten hingeführt werden, die meistens in großen Gruppen stattfinden.

Das bedeutet, dass die Gruppengröße sowohl bei den Mädchen als auch bei den Jungen mit der Art des Spielens zusammenhängt und somit auch die Art der Freundschaftsbeziehungen beeinflusst.

DIE ROLLE IN DER GESELLSCHAFT WIRD SPIELEND GELERNT

Obwohl einige Charaktereigenschaften bei Jungen und Mädchen genetisch festgelegt zu sein scheinen, ist dennoch sicher, dass kulturelle Einflüsse für die Formung und Erhaltung der Geschlechtertrennung sehr bedeutsam sind. Durch ihre Spiele lernen die Kinder geschlechtstypische Verhaltensmuster. Wenn Jungen sich mit „Rebellenspielen“ beschäftigen, erlernen sie sowohl die Unabhängigkeit von Autoritäten (Erwachsenen) als auch die organisatorischen Fähigkeiten, um beispielsweise später einmal die Aktivitäten einer großen Gruppe leiten zu können. Auch die Teilnahme an Wettkämpfen dient dazu, sich unter Beachtung bestimmter Spielregeln mit der Konkurrenz auseinander zu setzen – also mit Menschen, die man nicht so gerne mag. Der Freund wird bei solchen Aktivitäten dann eher als Kamerad gesehen und die Gruppe als eine kollektive Einheit, in der Loyalität und Solidarität herrscht.

Spiele und Freundschaften unabhängig vom Geschlecht Ihres Kindes bieten bessere Möglichkeiten zur Selbstverwirklichung.

Bei den Mädchen wird nach konventioneller Auffassung darauf geachtet, dass ihre Spiele sie auf die Rolle der Frau in der Gesellschaft vorbereiten. Sie sollen eher einen sozialen Charakter zeigen, der Ausdauer und Einfühlsamkeit erfordert, und lieber mit Puppen oder Rollenspiele wie „Mutter-Vater-Kind“ spielen. Dadurch entwickeln sie soziale Fertigkeiten wie Pflege- und Schutzneigung und emotionale Ausdruckskraft, die für spätere partnerschaftliche und familiäre Beziehungen höchst relevant sind. Mädchen sehen die Gruppe eher als ein Netz von intimen Zwei-Personen-Freundschaften an, das vertraulich und verlässlich ist.

Es ist offensichtlich, dass die für die Geschlechter „typischen“ Spiele Ihrem Kind stereotype Vorstellungen von der Welt, vom Verhältnis der Geschlechter und von Freundschaft vermitteln. Lassen Sie es deshalb ruhig zu, wenn Ihr Sohn gerne „Mutter-Vater-Kind" spielen möchte oder Ihre Tochter technische Neigungen entwickelt – geschlechtsspezifische Rollenmuster wird ihnen das Leben beizeiten beibringen. Aber Ihr Kind hat dadurch die Chance, vielfältige Erfahrungen zu machen und all seine Fähigkeiten zu entwickeln. Gemischtgeschlechtliche Freundschaften können für Ihr Kind eine hilfreiche Stütze sein.

GRUPPENZWANG DURCH FREUNDSCHAFTEN

*Die Gruppe bietet Kindern die Möglichkeit,
mit den sozialen Gesetzen außerhalb der Familie
vertrauter zu werden*

GRUPPEN IN KINDERGARTEN UND SCHULE

Beobachtet man Kinder im Kindergarten, in der Schule oder im alltäglichen Leben, so erweckt es den Eindruck, als würden sie immer in Gruppen auftreten.

Auf einem Hof im Kindergarten haben sich vier fünfjährige Jungen versammelt, um auszuknobeln, wer in der Pause Räuber und wer Gendarm ist. Einer der Jungen sagt: „Das ist unser Lieblingsspiel in den Pausen, denn jeder von uns kann schnell rennen und die Zeit reicht aus, um auch mal die anderen zu spielen. Außerdem können alle von uns dabei mitmachen, keiner muss draußen bleiben.“ Zur Gruppe dazuzugehören, mitmachen zu dürfen und akzeptiert zu werden – dies ist für Kinder schon ab dem Kindergartenalter enorm wichtig.

ROLLENSPIELE FÖRDERN SOZIALE ORGANISATION

Gruppen dienen als Experimentierfelder, in denen soziale Organisation geübt werden kann.

Das Rollenspiel in der Gruppe beginnt bei Kindern bereits im Kindergartenalter. Da werden beispielsweise Fernsehserien nachgespielt, und jedes Mitglied übernimmt durch den für sich gewählten Darsteller eine feste Aufgabe. Doch für gewöhnlich sind die Rollen der Kinder in den Gruppenspielen nicht so streng festgelegt und bindend. Mädchen, die gerne „Familie“ spielen, wechseln häufiger die Rollen, sodass jedes Mädchen mal die Mutter, den Vater oder das Kind spielen kann. In solchen Rollenspielen sammeln Kinder wichtige Erfahrungen, die ihnen für die verschiedenen und sich wandelnden Rollen des sozialen Lebens von Nutzen sind.

In den frühen Jahren der Schulzeit gewinnen dann „offizielle“ Gruppen an Interesse. Diese Gruppen und Cliquen verschreiben sich einem ganz bestimmten Thema. Dies kann ein Fan-Klub sein, in dem man sein Idol durch Briefe oder Souvenirs verehrt. Oder die Kinder bekommen durch Bücher und Zeitschriften den Anstoß, einen Klub zu gründen in welchem jedes Kind eine Aufgabe zugewiesen bekommt. Die Gruppe wird somit zum Experimentierfeld, auf welchem soziale Organisation geübt werden kann. Aus solchen Erfahrungen gewinnen Kinder immer differenziertere Vorstellungen von Gruppen.

Für jüngere Kinder erscheint die Gruppenorganisation einzig eine Ansammlung von Spielkameraden zu sein. Später erkennen sie, dass die Handlungen unter den Mitgliedern koordiniert werden müssen, um gemeinsame Gruppenaktivitäten aufrechtzuerhalten. Und ab dem Jugendalter begreifen sie die Gruppe dann als kollektive Organisation, in der individuelle Differenzen nicht unterdrückt, sondern durch Kompromissbildungen in ein einheitliches Ganzes integriert werden. Somit erreichen Gleichaltrigengruppen im späten Kindesalter (zwischen dem neunten und zwölften Lebensalter) ihre größte Bedeutung.

SOZIALE UNTERSTÜTZUNG DURCH DIE GRUPPE

Das Bedürfnis nach Gruppenzugehörigkeit nimmt bei Kindern im Alter von drei und vier Jahren schon einen zentralen Platz im Leben ein. Sie fangen nun an, in größeren Gruppen zu spielen und in ihrer Zusammensetzung darauf zu achten, dass sie nach Geschlechtern getrennt sind. Wie schon berichtet, kommen Spielkameraden und Freunde jetzt vermehrt aus dem „eigenen Lager".

Freunde und Freundinnen innerhalb der Gruppe sind eine wichtige Quelle für soziale Unterstützung.

Der Zusammenschluss dieser Gruppen zeichnet sich dadurch aus, dass ihre Mitglieder annähernd gleich alt sind

Ein Junge erzählt: „Einmal hat mich ein anderer Junge geärgert und wollte mich schlagen. Da kamen meine Freunde und haben mir geholfen. Ohne die wäre es wohl nicht so gut ausgegangen." Und eine Zehnjährige berichtet: „Wenn es mir mal schlecht geht oder ich Hilfe brauche, in der Schule oder so, dann sind meine Freunde da und helfen mir. Die hören mir zu und trösten mich oder lassen mich auch mal Hausaufgaben abschreiben."

Gruppen bieten dem Kind Handlungsorientierung, Schutz und emotionale Unterstützung.

und er von ihnen selbst gestiftet und nicht von Erwachsenen organisiert wird, sodass sie ihre Angelegenheiten weitgehend ohne Aufsicht und Eingriffe Erwachsener regeln. Und da die Zugehörigkeit freiwillig ist, heben sie sich zudem von Altersgruppen ab, die von der Gesellschaft gebildet werden (z. B. Kindergarten, Hortgruppen, Sportverein etc.).

Diese Voraussetzungen erschließen dem Kind ganz neue und verschiedene Hilfsquellen, die eine einzelne Freundschaft oft nicht zu bieten hat: sie erfüllen das Bedürfnis nach Status und Anerkennung. Die Kinder fühlen sich angenommen und verstanden, und die Gruppe bildet somit ein bedeutsames und umfassendes Bezugssystem. Dieses wirkt identitätsstabilisierend und gibt den Kindern Handlungsorientierung, Schutz und emotionale Unterstützung. Freunde und Freundinnen sind dabei eine wichtige Quelle für soziale Unterstützung: Gemeinsam sind wir stark.

ABGRENZUNG NACH AUSSEN

Dieses Wirgefühl hat natürlich einen starken Einfluss auf das Verhalten der Kinder. Denn Gruppenmitgliedschaft bewirkt, dass Kinder sich einerseits langsam von der Familienherrschaft loslösen und sich andererseits an die Regeln und Gesetze der Gleichaltrigengruppe anpassen. Das Gefühl von Geborgenheit und Sicherheit, das Kinder im Schoß der Familie erfahren, soll nun von der Gruppe übernommen und vermittelt werden. Die Kinder suchen dort eine gewisse Autonomie gegenüber Eltern und Erwachsenen.

Der Mitgliederkreis einer Gruppe kann dabei auf verschiedene Art und Weise entstehen und ist nicht immer eindeutig auszumachen, was dadurch erschwert wird, dass die äußere Grenze (Mitgliedschaft) und die innere Grenze (Inhalte, Ziele und Zweck der Gruppe) oft nicht klar definiert sind. So kann es vorkommen, dass man als Beobachter Gruppenformationen entdeckt, die von den Mitgliedern nicht unbedingt als solche erfahren werden. Manchmal entwickelt sich eine Gruppe, weil ein einzelnes Kind mit besonderen sozialen Kompetenzen es schafft, viele Kinder um sich zu scharen. Oder zwei Freunde lassen andere Kinder an ihren Aktionen teilhaben, sodass sie gemeinsam spielen können. Und in anderen Fällen liegen gemeinsame Interessen und Ziele vor, die sich besser in einer Gruppe umsetzen lassen, wie Musizieren oder Fußball spielen. Aber egal, was in der Gruppe auch gemacht wird – zugelassen wird nur, wer den Fertigkeiten und Interessen der Gruppe entspricht. Selbst bei Kindergartenkindern ist die Gruppenmitgliedschaft mit der Abschottung gegen Nichtmitglieder verbunden. Auf dem Spielplatz und in den Klassenräumen wird ständig verhandelt, wer „dazugehört" und wer nicht.

DURCH DIE WERBUNG VERFÜHRT

Kinder wissen schon sehr früh und genau, was angesagt ist und was man lieber vermeiden sollte. Äußerlichkeiten wer-

Sara geht in die vierte Klasse. Sie ist topmodern angezogen: hohe Turnschuhe, ein enges T-Shirt und Jeans. Ihre Schulsachen hat sie nicht in einem Schulranzen, sondern in einem Rucksack verstaut.
„Ich würde nie Klamotten anziehen, die irgendwie billig aussehen. Meine Freundinnen laufen auch so rum. Die Sachen müssen schon irgendwie cool sein, sonst bist du unten durch."

Wer den Idealen der Werbung nicht entspricht, muss damit rechnen, außen vor zu bleiben.

den zunehmend wichtiger. Kleidung und körperliche Attraktivität werden zu Identifikationsobjekten hochstilisiert, sodass auch Kinder ganz genau darauf achten, was modern ist. Markenartikel sind dabei heute ein Muss.

„Cool" sein, „in" sein, das sind die Schlagwörter, die in der Werbung, in Zeitschriften und in Kaufhäusern den Kindern suggerieren, was den Menschen attraktiv und begehrenswert macht. Sie schreiben vor, was im Trend liegt, und wer diesen Idealen nicht entspricht, muss damit rechnen, außen vor zu bleiben.

Kinder sind von diesen Manipulationen besonders betroffen, denn im Gegensatz zu ihren Eltern können sie oftmals nicht zwischen Wirklichkeit und Täuschung unterscheiden. Was sie im Werbespot sehen oder in der Zeitschrift lesen, nehmen sie für bare Münze. Und wollen es unbedingt haben. Das wissen die Werbeexperten.

Nicht ohne Grund werden Millionen in den „Kinderkonsum" investiert. Dies setzt sowohl Eltern als auch die Kinder unter enormen Druck. Ein Kind, dass die Sachen von der älteren Schwester oder dem älteren Bruder aufträgt, und nicht die neuesten Turnschuhe hat, fällt auf.

Es ist anders als die anderen. Kinder haben davor Angst, anders zu sein und nicht akzeptiert zu werden. Somit werden die Kinder ihre Eltern unermüdlich bedrängen, ihnen die neue Hose oder den schönen Pulli zu kaufen. Das kann häufig in endlosen Diskussionen und Tränenvergießen enden. Die Eltern verstehen natürlich schon, dass ihr Kind zur Gruppe dazugehören will und es auch so aussehen möchte wie alle anderen in der Klasse. Aber ständig neue und teure Klamotten zu kaufen können sich die meisten Familien nicht leisten. Versuchen Sie Ihrem Kind klar zu machen, warum Sie ihm bestimmte Sachen nicht kaufen können und dass bei einer Freundschaft auch noch andere Werte zählen als nur Äußerlichkeiten.

GESETZE IN DER GRUPPE

Ähnlichkeiten in Bezug auf Attribute und Fähigkeiten fallen bei der Zugehörigkeit zu Gruppen und Cliquen noch mehr ins Gewicht als bei einzelnen Freundespaaren. Denn nur so kann der geschlossene Verbund organisiert, überblickt und gesichert werden. Aber eine zu starke Konformität kann auch dazu führen, dass eigene Interessen, Wertvorstellungen und Fähigkeiten des Einzelnen unterdrückt werden und man somit schnell zum Mitläufer wird.

Gruppen haben den Effekt, dass sie ihre Mitglieder einander ähnlich machen.

Gruppen haben nämlich ebenfalls den Effekt, dass sie ihre Mitglieder einander ähnlich machen. Ein Kind, das in beträchtlicher Weise von den Vorstellungen und Regeln der Gruppe abweicht, steht unter dem Druck, entweder nicht hineingelassen oder wieder ausgestoßen zu werden. Für viele Kinder eine bittere Pille, die sie schlucken müssen. Denn sie wollen ja nichts anderes als angenommen werden und sagen sich deshalb: „Wenn alle in der Gruppe so sind und das tun, dann muss es ja richtig sein."

GEWALT IN DER GRUPPE

Gewalt unter Kindern appelliert an die Gesellschaft, sich mehr um die Belange der Kinder und Jugendlichen zu kümmern.

Es ist schon erschreckend, wie stark der Einfluss einer Gruppe sein kann. Und es lässt sich auch nicht bestreiten, dass Gleichaltrigengruppen ein Schädigungspotenzial besitzen können. Schnell werden Kinder durch den Druck der Gruppe dahin gebracht, Sachen zu tun, die für sie recht gefährlich und nicht mehr von ihnen kontrolliert werden können.

Verfolgt man aktuelle Berichte in der Presse oder im Fernsehen, so ist zu beobachten, dass einige Kinder- und Jugendgruppen dahin tendieren, immer aggressiver und destruktiver zu werden. So genannte „Crash-Kids“, die ihr Vergnügen darin suchen, Autos zu knacken und zu Schrott zu fahren, sind vielen ein Begriff. Auch das Mitbringen von Waffen in die Schule beobachten Lehrer immer häufiger. Die Gewalt an den Schulen scheint stetig zuzunehmen. Richtige Banden werden organisiert, um Schwächere zu traktieren und zu quälen. Kinder überfallen sogar andere Kinder, um ihnen unter Androhung von Gewalt die Kleidung vom Leib zu reißen und mitzunehmen. Solche Entwicklungen lösen nicht nur Ratlosigkeit und Angst bei den Betroffenen aus, sondern sie appellieren auch an die Gesellschaft, sich mehr um die Belange von Kindern und Jugendlichen zu kümmern. Die Schließung von Jugend- und Freizeitklubs aus Geldmangel ist keine Lösung, sondern schürt eher das Gewaltpotenzial.

Oftmals ist die Hinwendung zu einer gewaltbereiten Gruppe ein Hilfeschrei – den Kindern fehlt Liebe, Beachtung und eine Aufgabe, die ihre Zeit sinnvoll ausfüllt. Die meisten Gleichaltrigengruppen verfolgen jedoch eher Normen und Ziele, die weniger antisozial als einfach mystifizierend sind. Sich von anderen abzuheben, ist das Motto.

Wenn Ihr Kind sich also blaue Strähnchen ins Haar färbt oder plötzlich eine eigene Sprache entwickelt, die Sie nicht verstehen, sollten sie es tolerieren. Denn diese harmlosen Abgrenzungsversuche gehören einfach zum Heranwachsen.

VON DER MUTPROBE BIS ZUR BLUTSBRÜDERSCHAFT

Wer zur Gruppe dazugehören will, muss bestimmten Voraussetzungen genügen. Diese Bedingungen können unterschiedlicher Natur sein. Persönlichkeitsmerkmale, körperliches Geschick, ethnische Zugehörigkeit und Äußerlichkeiten spielen eine zentrale Rolle dabei, ob ein Kind von den Gruppenmitgliedern akzeptiert und integriert wird. Um herauszufinden, wer dazugehören darf und wer nicht, sind Mutproben besonders bei Jungengruppen sehr beliebt.

Mutproben haben einen Hauch von Mystik und Feierlichkeit und stellen die Einweihung der Heranwachsenden in die Erwachsenenwelt dar.

Bei jüngeren Kindern bestehen diese Aufnahmeprüfungen meistens aus Taten, die von Erwachsenen verboten oder als unrühmlich bezeichnet werden. Da muss man dann vielleicht eine Zigarette rauchen, im Laden etwas Bestimmtes klauen oder eklige Sachen wie Würmer oder Käfer essen. Doch mit zunehmendem Alter können diese Mutproben sich so ausweiten, dass sie eine Gefahr für das Kind bedeuten. Beispielsweise müssen die Kinder auf dem Brückengeländer über einen Fluss balancieren, von einem hohen Gerüst springen oder sich während der Fahrt aus einer S-Bahntür hängen.

Auch heutzutage haben Mutproben noch immer einen Hauch von Mystik und Feierlichkeit, ähnlich wie bei einigen Naturvölkern. Sie stellen die Einweihung der Heranwachsenden in die Erwachsenenwelt dar – eine Art „Reifeprüfung". Und so empfinden es auch Kinder, die diese Prüfung ablegen müssen. Sie nehmen die Mutproben sehr ernst

Geheime Rituale und Geheimsprachen unterstreichen die Gruppenmitgliedschaft.

und wollen sie unbedingt bestehen, um nicht als Feiglinge dazustehen und dann von der Gruppe ausgelacht zu werden. Das sollte Ihnen als Eltern bewusst sein, auch wenn Sie diese Rituale lächerlich finden oder für unreif halten. Schlichte Verbote werden keine Abhilfe bringen. Ihr Kind wird Ihnen bestimmt eher zuhören, wenn Sie Ihm zunächst zeigen, dass Sie es sehr mutig von ihm finden, sich solch einer Prüfung zu stellen, bevor Sie ihm die Grenzen zwischen Mut und Leichtsinn erklären.

Meistens werden Eltern von diesen Mutproben nichts erfahren, oder erst, wenn die Ereignisse schon länger zurückliegen. Denn es gibt ein weiteres wichtiges Merkmal bei Kindergruppen: Geheimhaltung. Die Kinder treffen sich nun regelmäßig an geheimen Orten. Geheime Rituale oder Geheimsprachen werden entwickelt. Dadurch wollen sie sich von anderen Gruppen unterscheiden und ihre Mitgliedschaft zur Gruppe unterstreichen.

Um ganz sicher zu gehen, dass man wirklich zur Gruppe steht, muss vielleicht jedes Mitglied einen Eid leisten. Dieser Schwur kann sogar durch die altbekannte „Blutsbrüderschaft“ geschlossen werden. Wer erinnert sich nicht an Winnetou und Old Shatterhand, die sich dadurch zu Verbündeten gemacht haben, oder an die wagemutigen drei Musketiere, deren Schwur lautete: Einer für alle und alle für einen?

5. Kapitel

AUSGESCHLOSSEN – UND WAS NUN?

Einsamkeit ist ein sich selbst verstärkender Prozess, der Rückzug und Resignation hervorrufen kann.

ABLEHNUNG

Wenn Ihre Tochter oder Ihr Sohn tränenüberströmt nach Hause kommt und berichtet, dass die Freundin oder der Freund nicht mehr mit ihnen befreundet sein will, sollten Sie als Eltern nicht gleich aus allen Wolken fallen. Normalerweise werden solche Unstimmigkeiten bei Kindern recht schnell beigelegt. Zeitweilig ausgeschlossen zu werden, sich fremd zu fühlen oder mal am Rande stehen zu müssen, gehört wohl (wie man aus eigener Erfahrung weiß) zur Entwicklung eines jeden Kindes dazu.

Ihr Kind braucht jetzt erst einmal Trost und Zuwendung, um mit dem Schmerz fertig zu werden. Bedenklicher wird es erst, wenn ein Kind über eine lange Zeit Schwierigkeiten hat, Anschluss zu Gleichaltrigen zu finden oder es den Umgang mit Gleichaltrigen bewusst scheut.

HILFE, ICH BIN ALLEIN

Abgelehnte Kinder haben es besonders schwer, Freunde zu finden.

Freunde zu haben und von anderen gemocht und akzeptiert zu werden, gilt in unserer westlichen Gesellschaft als erwartete Normalität. Das bedeutet: wer keine Freunde hat, ist nicht normal oder ist selber Schuld daran. Aber vielen Menschen fällt es schwer, diese Forderung zu erfüllen. Auch Kinder spüren sehr früh und schnell, was es heißt, unbeliebt zu sein oder abgelehnt zu werden. Und sie haben Angst davor.

In einem Schulaufsatz aus einer Untersuchung von Karin Mönkemeyer schreibt ein Viertklässler: „Wenn man keine Freunde hat, dann ist man einsam und traurig." Und eine Sechsjährige ist auch der Meinung, dass man ohne Freunde „allein und ausgestoßen ist." Doch wie viele Kinder sind tatsächlich davon betroffen, dass mit ihnen keiner ihrer Altersgenossen etwas zu tun haben will? Und gibt es Unterschiede bei den ausgeschlossenen Kindern?

Die Forschung bedient sich bei dieser Fragestellung gerne soziometrischer Wahlverfahren. Bei dieser Methode werden Kinder in einer Klasse beispielsweise befragt, neben wem sie am liebsten sitzen oder mit wem sie am liebsten spielen möchten. Steven Asher von der amerikanischen Universität Illinois stellte in einer Analyse unterschiedlicher soziometrischer Untersuchungen bei Kindern fest, dass durchschnittlich zehn Prozent der Kinder nicht als Freund gewählt wurden.

Unbeachtete Kinder erreichen bei diesen Wahlen ähnlich viele Punkte wie durchschnittlich beliebte Kinder. Abgelehnte Kinder hingegen werden fast nie gewählt und erhalten sehr niedrige Punktzahlen. Ein Mangel an Freunden ist aber bei beiden Typen vorhanden. Dies mag im Verhalten begründet sein. Abgelehnte Kinder haben oftmals Schwierigkeiten, sich sozial zu verhalten und sozial zu denken. Sie passen sich weniger an und sind häufig aggressiver als andere Kinder.

So ein Verhalten lässt natürlich wenig Raum für Wärme, Aufmerksamkeit und Fröhlichkeit, sondern schreckt eher ab, macht unsympathisch. Und im Gegensatz zu den unbeachteten Kindern bleibt ihr Status oder Ruf leider auch stabil. 30 bis 50 Prozent der abgelehnten Kinder, berichtet Asher, werden sogar über einen Zeitraum von fünf Jahren immer noch von ihren Gleichaltrigen abgelehnt. Unbeachtete Kinder hingegen sind, wie die Bezeichnung schon verrät, eher unauffällig in ihrem Verhalten. Es können schüchterne Kinder sein oder solche, die von ihrem Erscheinungsbild einfach im Hintergrund bleiben.

Ein Mädchen erzählt: „In unserer Klasse ist ein Mädchen, das ganz still und unauffällig, aber eigentlich ganz nett ist. Keiner beachtet sie richtig. Manchmal kommt es mir so vor, als sei sie gar nicht da. Man vergisst sie einfach." Dies macht sie zwar nicht sehr unbeliebt, aber als Freundin auch nicht gerade sehr begehrenswert.

Schon für einen Erwachsenen kann eine solche Vorstellung bedrückend sein. Aber was fühlt ein Kind, dass ständig von Erlebnissen ausgespart bleibt? Wie geht es mit diesen verletzenden Erfahrungen um?

EINSAMKEIT, DIE GROSSE SCHWESTER DES ALLEINSEINS

Dauernde Ablehnung kann das Selbstkonzept in negativer Weise beeinflussen.

Abgelehnte Kinder fühlen sich extrem einsam. Aber nicht nur das. Sie halten sich gegenüber anderen auch für minderwertig. Ihr Selbstwertgefühl ist sehr gering, und sie grübeln über sich und ihre Isolation nach. Häufig suchen sie die Gründe bei sich, was dazu führt, dass sie noch weniger Mut haben, zu anderen Kontakt aufzunehmen. Ein Teufelskreis beginnt, aus dem sie nur schwer selbst herausfinden.

Denn soziale Isolation und die damit einhergehende Einsamkeit ist ein sich selbst verstärkender Prozess, der einerseits durch die soziale Wahrnehmung von anderen, die den Kontakt mit isolierten Menschen meiden (man könnte sich ja „anstecken") und andererseits durch die isolierte Person selbst gewährt wird. Dr. Reinhold Schwab von der Universität Hamburg fand in einer Untersuchung zum Thema Einsamkeit heraus, dass zehn Prozent aller Kinder der dritten bis sechsten Klasse in hohem Maße an Einsamkeit leiden. Da dauernde Ablehnung vom Kind als geringer sozialer Erfolg bewertet wird, kann das Selbstkonzept in negativer Weise beeinflusst werden. Nicht selten zieht sich das Kind resigniert und ängstlich zurück und bleibt von wichtigen sozialen Lern- und Erfahrungsmöglichkeiten ausgeschlossen. Ein Artikel der „Berliner Zeitung" über ausgegrenzte Kinder beschreibt diesen Zustand recht deutlich:

Da wird ein zwölfjähriges Mädchen namens Melanie von ihren Mitschülern gehänselt, weil sie größer ist als alle anderen und viel älter aussieht. Von anderen Mädchen erhält sie gemeine Briefe und von ihren ehemaligen Freundinnen wird sie mittlerweile geschnitten. Melanie ist deswegen sehr verzweifelt und bekommt schon Bauchschmerzen, wenn sie nur an die Schule denkt. Und an einer bevorstehenden Klassenfahrt möchte sie auch nicht teilnehmen, da sie weiß, dass niemand sie im Zimmer haben möchte. Hilflosigkeit und Ohnmacht machen sich breit, sowohl bei den Kindern als auch bei den Eltern.

UM RAT FRAGEN

Manchmal suchen diese Kinder Hilfe bei Erwachsenen außerhalb der Familie. Sie sind häufig ihre „letzte Rettung". Dies können Lehrer und Lehrerinnen, Erzieher und Erzieherinnen oder Medien (Zeitschriften, Hörfunkanstalten) sein, die ein Forum für persönliche Probleme bieten.

Eltern um Rat zu fragen fällt den Kindern oftmals schwerer als Außenstehende um Hilfe zu bitten.

Solche Geständnisse sind bedrückend und stimmen nachdenklich. Sowohl für die Kinder als auch für die helfende Person sind sie kein leichter Schritt. Vom Kind ver-

Auch die achtjährige Stine hat all ihren Mut zusammengenommen und ihre Lehrerin in einem Brief um Rat gefragt: „Ich weiß einfach nicht mehr weiter. Ich glaube, mich mag keiner. In der Pause bin ich meistens allein. Und in der Klasse mag auch keiner neben mir sitzen. Die anderen Mädchen tuscheln über mich und drehen sich meistens weg, wenn ich komme. Warum mögen die mich nicht? Was kann ich denn bloß tun? Kannst du mir nicht helfen?"

langt es sehr viel Mut und Überwindung, sich als einsames, ungeliebtes Kind zu outen. Wer gibt schon gerne zu, nicht gemocht zu werden?

Meistens ist hier eine große Verzweiflung die treibende Kraft. Das Kind sieht keinen anderen Ausweg mehr und braucht diese Hilfe – jetzt, sofort. Von den Ansprechpartnern, die diese Hilfe leisten sollen, wird viel Einfühlungsvermögen und Diskretion sowie eine genaue Einschätzung der Situation verlangt. Ein Patentrezept für die Lösung dieses Problems gibt es leider nicht, denn jedes einzelne Kind hat seine eigene Geschichte.

Eltern sollten die Probleme ihrer Kinder ernst nehmen und mit ihnen darüber reden.

Wahrscheinlich werden Sie sich fragen, warum Ihr Kind nicht zu ihnen kommt, wenn es solche Probleme hat. Die Anwort ist meist ganz einfach: weil es ihm unwahrscheinlich peinlich sein wird, vor der Familie zugeben zu müssen, dass es allein ist und keine Freunde hat. Vielleicht glaubt es auch, dass eine Lehrerin oder ein Lehrer besser geeignet sind, darüber zu reden, weil sie die Situation und die Kinder in der Schule gut kennen und man durch einen Brief ein bisschen anonymer, distanzierter bleiben kann. Möglicherweise hat es ja auch schon versucht, Sie um Rat zu fragen und die Erfahrung gemacht, dass es nicht ernst genommen wurde.

Schließlich ist es für viele Eltern ebenfalls schwierig, die Tatsache anzunehmen, dass ihr Kind keine Freunde hat. Sätze wie: „Ach, das kann doch nicht sein. Das geht bestimmt vorbei.“ oder „Du musst dich halt nur ein bisschen mehr anstrengen.“ können schnell fallen. Sicher sind diese Sätze nicht böse gemeint, sondern ein Versuch, dem Kind ein wenig die Angst zu nehmen. Aber dem Kind hilft es nicht viel weiter, wenn das alles ist, was es von seinen Eltern erwarten kann. Dadurch wird es nur noch mehr verunsichert und unter Druck gesetzt.

Bestimmt gibt es eine Menge Kinder, die mit ihren Eltern oder Geschwistern darüber reden können und bei denen sie Trost und Verständnis finden werden. Ihr Kind braucht jetzt Ihre ganze Aufmerksamkeit und Liebe. Es will ernst genommen und verstanden werden.

KINDER SUCHEN DAS ALLEINSEIN

Für Kinder bedeutet das Alleinsein manchmal, sich in Ruhe auf ihre Bedürfnisse besinnen zu können.

Ein Kind, das alleine vorm Computer sitzt oder in den Pausen alleine auf dem Schulhof spielt, muss sich nicht immer ausgegrenzt und einsam fühlen. Es gibt Kinder, die schon früh Einzelgänger sind, das Alleinsein suchen und genießen. Diese Kinder sind weit davon entfernt, sich für ausgeschlossen zu halten und traurig zu sein. Für sie bedeutet der Rückzug in die eigene Welt ein dringendes Bedürfnis, sich auf sich selbst besinnen zu können. Kinder sind nicht alle gleich.

Für das eine kann der Tag nicht lang genug sein, um sich mit seinen Freunden die Zeit zu vertreiben. Es ist ständig in Aktion und liebt den Trubel. Und das andere würde sich möglicherweise von so viel Bewegung überfordert fühlen, sodass es mehr darauf bedacht ist, sich weniger „spektakulären“ Sachen zu widmen, wie beispielsweise dem Lesen, Musizieren oder Kassetten anhören. Es verkriecht sich dann lieber in sein Zimmer, um Ruhe zu haben. Aber dieser Rückzug ist von diesen Kindern freiwillig gewählt und bedeutet nicht, dass sie überhaupt keine Freunde haben. Sie brauchen eben ab und zu Zeit für sich.

Es gibt auch Kinder, die in den Spielen oder Aktionen der Gleichaltrigen nicht die Erfüllung ihrer Bedürfnisse erfahren. Hoch begabte Kinder beispielsweise, finden bei ihren Gleichaltrigen oftmals nicht das Verständnis und den Rahmen, um ihre besonderen Fähigkeiten auszutauschen oder zu erweitern. Sie sind von den „kindlichen Spielen" ihrer Altersgenossen eher gelangweilt und beschäftigen sich lieber stundenlang mit wissenschaftlichen Theorien oder künstlerischen Tätigkeiten. Sie verschlingen Bücher über Mathematik und Astronomie wie andere Kinder ihre heiß geliebten Comics oder schreiben Gedichte und komponieren kleine Opern.

Je eher man Hochbegabung erkennt, desto eher können Hilfsmaßnahmen getroffen werden.

Diese Kinder möchten dann einfach in Ruhe ihren Wissensdrang stillen können. Vielen Eltern und Lehrern bereitet das natürlich Sorge. Sie befürchten, das Kind würde sich sozial isolieren und sich dadurch nicht „normal" entwickeln. Doch je früher man die Hochbegabung erkennt und akzeptiert, desto eher kann solchen Kindern durch bestimmte Förderungsmaßnahmen geholfen werden. Ein Überspringen der Klasse oder der Besuch von bestimmten Arbeitsgemeinschaften einer höheren Jahrgangsstufe, kann hier schon oft eine Hilfe sein. Jedoch sollte Ihr Kind mit diesen Maßnahmen einverstanden sein. Wenn es lieber in der alten Klasse bleiben möchte, weil es dort seine Freunde hat, dann geben Sie diesem Wunsch unbedingt nach. Falscher Ehrgeiz wäre fehl am Platz.

FANTASIE SCHAFFT FREUNDE

Viele Eltern, die zum ersten Mal bei ihrem Kind beobachten, dass es einen Fantasiefreund hat, werden beunruhigt sein und sich fragen, ob bei ihrem Kind alles in Ordnung ist. Manche von Ihnen werden vielleicht den Weg zum Psychologen wählen, um sicher zu gehen, dass Ihrem Kind nichts fehlt. Aber in der Regel können Sie beruhigt sein.

Im Alter zwischen zwei und vier Jahren kommt es häufiger vor, dass Kinder sich einen Freund schaffen, den es nur in ihrer Fantasie gibt und der sich mit ihnen die Zeit ver-

Für die dreijährige Leonie gibt es zurzeit nichts Schöneres als mit „Bobo" zu spielen. Bobo ist ein kleiner, schlauer Waschbär, der sich in alle möglichen Figuren und Sachen verwandeln kann. Leonie nimmt ihn überall mit hin und lässt ihn seine Späße machen. Mit Bobo kann sie reden, er beantwortet alle Fragen und muckt nie auf. Er macht alles, was Leonie will. Ihre Eltern kennen diesen Bobo, doch gesehen haben sie ihn noch nicht, denn Bobo ist ein Fantasiegeschöpf.

Der Fantasiefreund bleibt solange bei Ihrem Kind, bis reale Freunde in sein Leben treten.

treibt. Besonders Kinder mit viel Fantasie und Vorstellungsvermögen werden von diesen kleinen Gefährten „heimgesucht". Der imaginäre Freund erfüllt dabei wertvolle Dienste fürs Kind: er kann zuhören, macht alles, was es will, und hilft ihm, wenn es Angst hat oder Rat braucht.

Somit werden eigene Wünsche und Bedürfnisse auf diesen freundlichen Gesellen projiziert, was dem Kind hilft, sein Selbstbewusstsein zu stärken. Das Kind versucht, sich dadurch von anderen abzugrenzen. Auch negative Gefühle wie Ärger, Wut, Trauer und Einsamkeit werden mit dem Fantasiegefährten durchlebt. Nicht selten wird er zum Sündenbock degradiert, weil auch hier kein Protest zu erwarten ist.

Als Eltern sollten Sie diese Fantasiegestalten ruhig mit in den Alltag integrieren. Spielen Sie einfach mit. Geben Sie diesem Gefährten auch etwas zu essen, wenn Sie gerade alle beim Mittagstisch zusammensitzen oder fragen Sie Ihr Kind, ob Freund „soundso" abends auch mit in die Wanne möchte. Legen Sie ein Tischgedeck mehr auf oder hängen Sie zwei Handtücher an den Haken im Bad. Auch bei Ärger mit Ihrem Kind, den es selber verursacht hat, können Sie die

Ein Fantasiefreund hilft bei Gefühlen wie Einsamkeit und Wut.

Figur mit einbeziehen. Vielleicht sieht Ihr Kind seinen Fehler viel schneller ein, wenn sein Fantasiepartner auch eine kleine Strafe abbüßen muss. Denn geteiltes Leid ist halbes Leid.

Meistens verabschieden sich diese kleinen Freunde ganz von selbst, wenn reale Freunde ins Leben Ihres Kindes treten. Der imaginäre Freund wird dann einfach überflüssig und hat keinen Platz mehr im Kinderalltag. Versuchen Sie nicht Ihrem Kind den erdachten Freund auszureden. Besser ist es, Ihrem Kind mehr Gelegenheiten zu schaffen, andere Kinder kennen zu lernen. Denn ernster wird die ganze Sache erst, wenn Ihr Kind über dem vierten Geburtstag hinaus immer noch an einem Fantasiefreund festhält. Oftmals ist das ein Zeichen dafür, dass es Schwierigkeiten hat, richtige Freunde zu finden. Um trotzdem nicht allein zu sein und Gefühle wie Einsamkeit und Wut zu verarbeiten, hält es an seinem Fantasiefreund fest.

Eine andere Alternative ist, dem Kind Geschichten vorzulesen oder Filme zu zeigen, welche von richtigen und erdachten Freunden handeln. Aus solchen Geschichten erfahren Kinder auf lustige Weise, dass die Fantasie sie wenigstens für eine bestimmte Zeit aus der Einsamkeit holen kann, aber auch, welche Wege ihre gleichaltrigen Roman- oder Filmhelden eingeschlagen haben, um wirkliche Freunde zu finden. Sich von dem lieb gewonnenen Phantomfreund zu trennen mag dem Kind vielleicht noch etwas schwer fallen, aber dafür kann es eventuell mit richtigen Freunden Abenteuer erleben.

TSCHÜSS, MACH'S GUT

Sich von seinem Freund oder seiner Freundin im wahren Leben zu trennen ist für die meisten Kinder ein größerer Ver-

Für den fünfjährigen Denis kam die Trennung von Robert, der seit zwei Jahren sein bester Freund gewesen war, durch den Wechsel vom Kindergarten in die Vorschule. Robert ist etwas jünger als Denis und musste noch ein Jahr länger im Kindergarten bleiben. Denis war darüber sehr traurig und hatte anfangs gar keine Lust, in die Schule zu gehen. Er dachte sich immer wieder neue Ausreden aus, um zu Hause bleiben zu können. Mal hatte er Bauchweh und ein anderes Mal war ihm ganz übel. Wenn er es dann doch in die Schule geschafft hatte, saß er häufig alleine und antriebslos in der Ecke herum und konnte sich für keine der Spielaktionen der anderen Kinder begeistern.

lust und eine wirklich belastende Erfahrung. So kann ein Umzug oder Schulwechsel dazu führen, dass man Abschied von seinen alten Freunden nehmen muss. Es gibt zwar Kinder, die sich wahnsinnig auf die neue Schule oder den neuen Ort freuen und es spannend und aufregend finden, andere Kinder kennen zu lernen. Doch für viele Kinder kann ein Wechsel ein schmerzhaftes und verwirrendes Erlebnis werden, denn die Trennung von ihren Freunden geschieht ja gegen ihren Willen.

Die Trennung von einem guten Freund durch einen Schulwechsel oder Umzug löst bei vielen Kindern Trauer und Unlustgefühle aus.

Die Reaktionen auf solche Trennungen sind bei Kindern höchst unterschiedlich. Es gibt Kinder, die sich relativ schnell mit der neuen Situation abfinden und andere sind zutiefst verzweifelt. Sie brauchen lange Zeit, um sich an all das Neue zu gewöhnen und neue Freunde zu finden.

Trauer und Unlustgefühle sind eigentlich normal, wenn ein Kind sich ungewollt von einem befreundeten Kind trennen muss. Schließlich muss es jemanden zurücklassen, der

Das Aufrechterhalten der alten Freundschaften wird Ihrem Kind das Gefühl geben, dass es ein bisschen aus der alten Umgebung mitnehmen kann.

ihm viel bedeutet. Da Kinder aber vorwiegend in der Gegenwart leben, hier und jetzt Freunde brauchen, ist es wichtig, dass sie in der neuen Umgebung schnell Anschluss finden. Dies braucht seine Zeit, und es ist hilfreich, wenn Eltern ihre Kinder darin unterstützen.

KONTAKTE ZU DEN ALTEN FREUNDEN ERLEICHTERN DIE TRENNUNG

Gerade bei Umzügen in eine neue Wohngegend oder in eine fremde Stadt ist es von besonderer Bedeutung, dass die Kinder sich nicht ganz aus den Augen verlieren. Denn sie müssen sich nicht nur von ihren Freunden und ihrer Schule trennen, sondern auch von ihrem Zuhause. So ist es nicht verwunderlich, wenn Kinder auf diese gewaltigen Umstellungen teilweise mit heftigen Reaktionen wie Einsamkeit, Depressionen oder Aggressionen reagieren. Diese Kummerreaktionen sollten sehr ernst genommen werden, da sie zu starken Entwicklungsstörungen führen können.

Um zu vermeiden, dass Ihr Kind diese einschneidenden Erlebnisse nur schwer verkraftet, ist es ratsam, lange vor dem Umzug oder dem Schulwechsel mit ihm darüber zu reden. Machen Sie ihm die Gründe für den Wechsel deutlich und zeigen sie ihm, dass sie verstehen, wenn es damit nicht unbedingt einverstanden ist. Geben Sie Ihrem Kind die Chance, Stellung zu nehmen, damit es sich nicht überrumpelt fühlt. Gleichzeitig können Sie gemeinsam mit ihm Möglichkeiten besprechen, wie man die Sache am besten übersteht.

Beispielsweise ist es gut, den Kontakt zu den alten Freunden noch aufrechtzuerhalten. Wenn man am Ort bleibt, können regelmäßige Besuche oder Telefonate eine Trennung oft erleichtern. Größere Entfernungen lassen sich durch das Briefeschreiben sehr gut überbrücken. Entweder schreibt Ihr Kind, wenn es schon schreiben kann, die Briefe selbst oder Sie übernehmen diese Aufgabe. Legen Sie doch ein paar Fotos von der neuen Schule oder der neuen Stadt hinein. Das ist für das andere Kind nicht nur interessant, sondern hilft ihm ebenfalls, sich ein genaueres Bild von der neuen Situation zu machen.

Das Aufrechterhalten der alten Freundschaften wird Ihrem Kind das Gefühl geben, dass es ein bisschen aus der alten Umgebung mitnehmen kann.

Aggressive Handlungen gegenüber Gleichaltrigen sind ein Versuch, Wut abzubauen und sich selbst wieder aufzuwerten.

ABLEHNUNG KANN AGGRESSIV MACHEN

Sich trennen zu müssen ist für niemanden eine einfache Sache. Aber es gibt unterschiedliche Gründe, die zu einer Trennung führen. Kinder, die in eine andere Schule wechseln oder den Ort verlassen müssen, sind durch äußere Um-

Karl ist sechs Jahre alt und momentan nicht gerade sehr beliebt bei seinen Klassenkameraden. Überall, wo er auftaucht, gibt es Krach und Ärger. Er mischt sich überall ein, und wenn ihm etwas nicht passt, fängt er an, herum zu brüllen oder zu schubsen und zu treten. Viele Kinder aus der Klasse haben nun Angst vor ihm und vermeiden es, ihm in die Quere zu kommen. Karl war nicht immer so aggressiv und streitsüchtig. Erst seitdem er nicht mehr mit Henk befreundet ist, verhält er sich so eigentümlich. Karl und Henk waren seit Jahren die besten Freunde. Doch Henk interessierte sich in letzter Zeit mehr für einen anderen Spielkameraden, sodass Karl sich ausgeschlossen fühlte.

stände von ihren Freunden getrennt worden. Die Trennung hat also nichts mit dem Kind selbst zu tun. Außerdem bleibt ihnen die Möglichkeit, den Kontakt weiter aufrechtzuerhalten. Aber was fühlt ein Kind, wenn es eine Trennung durch Ablehnung erfährt. Wenn der Freund oder die Freundin einem die Freundschaft kündigt, weil sie sich vielleicht gestritten haben oder ein anderes Kind nun den Platz eingenommen hat?

Karl ist kein Einzelfall. Es gibt viele Kinder, die sich nach einer Ablehnung ihren Altersgenossen gegenüber aggressiv und feindselig verhalten. Sie sind verletzt, und ihr Selbstwertgefühl ist stark angegriffen. Durch die aggressiven Handlungen gegenüber ihren Klassenkameraden versuchen sie, ihre Wut abzubauen und sich selber wieder aufzuwerten. Sie ringen nach Aufmerksamkeit.

Aggressive Kinder suchen sich häufig auch aggressive Freunde.

Wie lange diese aggressive Phase dauern wird, hängt von der Art der Beziehung und von der Persönlichkeit des Kindes ab. Aggressive Kinder beispielsweise beschränken die Wahl ihrer Spielkameraden oder Freunde häufig auf Kinder, die sich ebenfalls aggressiv verhalten. Dort werden sie eher akzeptiert und können ihre Aggressionen weiterhin ausleben – oft ein Fass ohne Boden. Denn sie tragen ihre Probleme mit Gleichaltrigen eher mit in die Freundschaft hinein, sodass sie konfliktreicher sind als Freundschaften bei nicht aggressiven Kindern.

Dies kann ein Grund dafür sein, dass sie auf andere Kinder eher abschreckend wirken und ihre Kontaktmöglichkeiten zu anderen dadurch enorm einschränken. Schnell geraten sie in eine Außenseiterrolle, was wiederum negative Reaktionen bei ihren Mitschülern hervorrufen und aggressive Verhaltensweisen beim abgelehnten Kind verstärken wird. Aggression kann demnach sowohl Voraussetzung als auch Folge von Ablehnung sein.

Ärger beruht auf der Verletzung von Wünschen, Bedürfnissen und Ansprüchen

In unterschiedlichen Längsschnittstudien wurden Aggression und Ablehnung von Gleichaltrigen sogar als Risikofaktoren identifiziert. Diese scheinen für späteres antisoziales Verhalten, Schulschwierigkeiten und psychische Probleme verantwortlich zu sein. Wie kommt es, dass einige Kinder so aggressiv sind und andere nicht?

ÄRGER UND AGGRESSION

Aggressives Verhalten kann verschiedene Gründe haben. Empfundener Ärger, beispielsweise durch Ablehnung, zählt sicherlich zu den häufigsten Ursachen von Aggressionen. Ärgerliche Gefühle müssen aber nicht in aggressives, andere schädigendes Verhalten münden. Nicht jedes Kind, das abgelehnt wird, ist auch aggressiv.

Da aber mit dem Gefühl des Ärgers ein bestimmter Bezug zur Umwelt verbunden ist, Ärger auf die Verletzung von Wünschen, Bedürfnissen oder Ansprüchen durch andere beruht, ist es nicht verwunderlich, dass abgelehnte Kinder häufiger zu aggressivem Verhalten neigen als andere. Diese mögliche Ursache sollten Eltern und Erzieher berücksichtigen, wenn ein Kind sich regelmäßig aggressiv verhält.

MIT FÄUSTEN ODER LIST UND TÜCKE?

Man unterscheidet zwei Arten des aggressiven Verhaltens: das körperlich aggressive (schubsen, treten, schlagen) und das feindselig aggressive (Intrigen, Ausschluss, Hänseleien und Demütigungen). Willard Hartup konnte bei Untersuchungen in der Vorschule beobachten, dass die vier- bis sechsjährigen Kinder vornehmlich zu körperlich aggressiven Handlungen neigten, wenn ihr Selbstwertgefühl verletzt wurde, was bei Ablehnung häufig der Fall ist. Und ab der Grundschulzeit sind die Kinder dann oftmals in der Lage, sich bei Herabsetzungen und Demütigungen durch ähnliches Verhalten anstatt durch körperliche Gewalt zu revanchieren. Körperlich aggressive Handlungen nehmen ab und feindselig aggressive nehmen zu. Dies wird durch eine Reihe weiterer Studien bestätigt.

Immer häufiger werden Ausschluss und Hänseleien von der ersten bis zur dritten Klasse als Anlass zum Konflikt genannt. Besonders bei Mädchen führen diese Formen der Isolierung häufig zu Wut, Trauer und Angst. Intrigen zu spinnen, andere Kinder auszuschließen und den Ruf eines Kindes zu schädigen wird eher dem Charakter der Mädchen zugeschrieben als dem der Jungen.

Wenn Kinder zuschlagen, kratzen, beißen, Haare reißen

Jedoch konnte ich in einer eigenen Untersuchung über Freundschaft und Ärger bei Kindern feststellen, dass Jungen, die über mehr Intimität in ihren Freundschaften berichteten, häufig zu feindselig aggressivem Verhalten neigten. Vermutlich wurden ihre Gefühle oder Erwartungen vom Freund so stark verletzt, dass sie ihn mit Vorbedacht schädigen wollten. Aber im Allgemeinen greifen Jungen doch eher zu offenem aggressiven Verhalten wie Schlagen und Treten. Möglicherweise wird dieses Verhalten bei Jungen eher akzeptiert, es gehört sozusagen zum „Männlichsein“ dazu.

VORURTEILE SCHÜREN ABLEHNUNG

Nicht selten werden Kinder unverschuldet zu Außenstehenden, weil sie bestimmten Normen und Werten der Gesellschaft nicht entsprechen. Vorurteile lassen sie zu „Randfiguren“ werden. Behinderte, Ausländer sowie dicke Menschen haben es in unserer scheinbar toleranten Zeit immer noch besonders schwer, akzeptiert und integriert zu werden. Auch bei Kindern ist dies häufig der Fall. Sie sind oftmals

Opfer von Demütigungen, Hänseleien, Gewalttaten oder bleiben einfach allein. Sie werden zu Sündenböcken degradiert, um eine nicht mehr vorhandene Gruppenformation wieder zusammenzufügen.

Ein gemeinsames Ziel, hier die Schädigung eines Schwächeren, soll den Gemeinschaftssinn stärken und den Zusammenhalt der anderen garantieren.

Die Gesellschaft kann aus jedem „schwachen" Menschen einen Hampelmann machen.

Für diese Art des Ausschlusses einzelner Personen hat sich der englische Begriff „Mobbing“ eingebürgert. Nicht nur bei Erwachsenen, sondern auch bei Kindern löst Mobbing Angst und Hilflosigkeit aus. Unbeteiligte sind oft froh, nicht selbst das Opfer zu sein.

Die folgenden Kinderberichte aus der Berliner Zeitung zeigen auch, dass es viel Mut erfordert, den Betroffenen beizustehen.

Lucie, 9 Jahre: „Ich habe auch neben einem Mädchen gesessen, das von den Jungen gehänselt wurde. Sie hatte eine Brille und ein Hörgerät. Dafür kann sie ja nichts. Jetzt ist sie in einer Sonderschule. Ich fand das sehr gemein und habe sie immer verteidigt. Dann haben die Jungen aufgehört.“

Marie-Luise, 12 Jahre schreibt: „In unserer Klasse wird keiner gehänselt. Einer ist etwas dicker und hat nicht so viele Freunde, aber er wird nicht gehänselt. Wenn ich mir vorstelle, ich würde gehänselt werden, oh, ich würde bestimmt eingehen. Zumindest im Inneren. Ich meine, man braucht doch Freunde. Der Dickere tut mir manchmal Leid, weil er immer allein in der Pause dasteht. Nur weiß ich nicht, was ich machen soll.“

Solche Kinderaussagen machen deutlich, dass Kinder heutzutage nicht nur Angst davor haben, selbst gedemütigt oder ausgeschlossen zu werden, sondern sich auch Gedanken darüber machen, wie es dazu kommt und wie man diesem Problem entgegenwirken kann. Denn Vorurteile entstehen ja nicht ohne Grund. Meistens entwickeln sie sich aus Unwissenheit oder bilden sich in einem intoleranten Umfeld. Auch Eltern sind nicht immer frei von Vorurteilen gegenüber anderen.

WIR SIND MIT DEM FREUND UNSERES KINDES NICHT EINVERSTANDEN

Wenn Eltern ihren Kindern tolerantes Verhalten vorleben, so werden diese auch eher bereit sein, tolerant zu sein.

VORURTEILE

Viele Eltern werden im Laufe der Entwicklung ihres Kindes die Erfahrung machen, dass sie manchmal den Freund oder die Freundin ihres Kindes nicht mögen. Je jünger die Kinder sind, desto mehr Einfluss haben Eltern auch auf die Freundschaftswahl ihres Kindes. Teilweise sind sie sogar auf die Kontakthilfen der Eltern angewiesen. Denn Kinder müssen ja erst noch lernen, wie man auf andere Menschen zugeht und Kontakte knüpft. Doch je älter die Kinder werden, umso mehr schrumpft der elterliche Einfluss auf die Wünsche und Bedürfnisse der Kinder. Dies betrifft dann auch die Wahl der Freunde.

AUCH KINDER HABEN ANSPRÜCHE

Kinder lernen ihre Ansprüche zu erkennen und durchzusetzen.

Mit der Familie des Freundes und dessen sozialem Umfeld lernt Ihr Kind andere Meinungen und Wertvorstellungen kennen, die es mit den eigenen familiären Verhältnissen vergleicht. So kann es vorkommen, dass Ihr Kind Unterschiede entdeckt, die ihm eventuell nicht passen: „Sabine muss ihr Zimmer nicht immer gleich aufräumen, wenn wir gespielt haben“, „Jochen darf auch mit zum Fußball, wenn sein Papa mitgeht“ oder „Wieso bekomm' ich nicht einen Rucksack für die Schule, Steffi hat auch einen?“

Manche Eltern bringen solche Argumente nicht nur zur Weißglut, sondern sie werden dadurch auch verunsichert. Sie fragen sich, ob sie vielleicht etwas in der Erziehung falsch gemacht haben. Sind sie zu streng, zu geizig oder zu nachgiebig mit ihrem Kind gewesen? Häufig kommt es wegen solcher Kleinigkeiten zum großen Familienkrach. Aber die Kinder sind nun in dem Alter, in dem sie lernen, eigene Ansprüche zu stellen und durchzusetzen. Dies wird bei der Wahl des Freundes oder der Freundin nicht anders sein.

WAS ERWARTEN ELTERN VON DEN FREUNDEN IHRES KINDES?

Bevor Eltern versuchen, den Umgang ihres Kindes mit dem befreundeten Kind zu verbieten, sollten sie sich fragen, was sie von dem Freund oder der Freundin eigentlich erwarten.

Vielen Eltern wäre es am liebsten, wenn die Freunde aus gleichen Verhältnissen kommen wie den eigenen. Schließlich soll das befreundete Kind ja nun öfter mit ihrem Kind spielen dürfen, sodass auch die Eltern mit ihm auskommen möchten.

Die Freunde sollten nett und sympathisch sein und eine gute Erziehung und Bildung haben.

Nett, offen und sympathisch sollten die neuen Freunde sein, eine gute Erziehung und Bildung haben und ihr Kind möglichst nicht in einer Art und Weise beeinflussen, die ihrem Erziehungskonzept widerspricht. Aber wie heißt es doch so schön: unverhofft kommt oft. Denn häufig werden Kinder gerade von der Andersartigkeit des anderen Kindes magisch angezogen. Das andere Verhalten oder äußere Erscheinungsbild weckt Neugier und Interesse bei den Kindern, sich näher kennen zu lernen. Und hier kann es für Eltern und Kinder problematisch werden, wenn die Einstellungen der Eltern und ihrer Kinder gegenüber dem befreundeten Kind auseinander gehen.

AUSLÄNDISCHE FREUNDE DES KINDES

Zwar geben viele Eltern vor, tolerant und weltoffen zu sein und nichts gegen Ausländer zu haben. Gerne kauft man das Gemüse beim Türken nebenan, geht italienisch essen oder macht Urlaub in fremden Ländern. Doch wenn dieses „Fremde" in die eigene Familie eindringt, bestehen zumeist Vorurteile. So wie die Eltern im folgenden Beispiel reagieren viele Mütter und Väter, wenn ihr Kind ein ausländisches

Stefan ist ein sehr ruhiger und stiller Junge und hatte schon seit Monaten Schwierigkeiten, in seinem Kindergarten Freunde zu finden. Seine Eltern und Erzieherinnen waren darüber nicht sehr glücklich und versuchten, ihn auf einige Kinder in seiner Gruppe aufmerksam zu machen, mit denen er nach ihrer Meinung gut zusammen passen würde. Doch Stefan konnte mit diesen Jungen nicht so viel anfangen. Sie waren ihm zu wild und draufgängerisch. Er fühlte sich einfach nicht wohl in ihrer Gesellschaft, und manchmal ärgerten sie ihn auch. Doch eines Tages kam ein neues Kind in die Gruppe. Es war ein türkischer Junge und er hieß Orhan. Stefan merkte sofort, dass Orhan ihm gefiel. Er war genauso zurückhaltend wie er und wusste nicht, wie er mit den anderen Kindern in Kontakt kommen sollte. Außerdem sah er interessant aus. Stefan wurde neugierig, ging auf ihn zu und zeigte ihm sein neues Spielauto. Orhan freute sich darüber, und sie fingen an, mit den anderen Autos zu spielen. Jetzt hatte Stefan endlich einen Spielkameraden und Freund in seiner Gruppe gefunden.

Stefans Eltern waren über die neue Freundschaft ihres Sohnes nicht gerade sehr begeistert. „Warum muss es denn ausgerechnet ein türkisches Kind sein. Die leben doch ganz anders als wir und kleiden sich so komisch. Gibt es nicht genügend andere Kinder, mit denen er spielen kann? Was sollen denn die Nachbarn sagen?“

Das Fremdartige macht Kinder neugierig und zieht sie magisch an.

Kind zum Freund gewählt hat. Die Augen zu schließen und sich zu weigern, etwas über die andere Kultur zu erfahren oder sich mit den Menschen auszutauschen, ist natürlich einfacher und bequemer; als sich damit auseinander zu setzen. Doch Kinder verstehen zunächst solche Vorurteile überhaupt nicht. „Warum soll ich nicht mit Orhan spielen? Ich finde ihn nett und wir haben viel Spaß zusammen.“ Für sie ist es egal, ob der Freund aus einer anderen Kultur stammt, sich anders kleidet oder einer anderen Religionsgemeinschaft angehört. Sie wollen doch nur gemeinsam spielen und Spaß haben.

Bevor Eltern die Freundschaft ihres Kindes mit einem ausländischen Freund verhindern wollen, sollten sie sich die Mühe machen, das Verhalten beider Kinder zueinander zu beobachten. Eine gewisse Zurückhaltung ist dabei zweckmäßig, um nicht jede negative Verhaltensweise oder jeden Konflikt überzubewerten. Achten Sie darauf, ob Ihr Kind nicht auch etwas aus dieser neuen Beziehung lernen kann. Es könnte beispielsweise die fremde Sprache oder neue Spiele erlernen, die für diese Kultur typisch sind oder auch erfahren, warum die ausländischen Kinder auf Grund ihrer Religion bestimmte Regeln einhalten müssen.

Ein Besuch des Landes, aus dem das ausländische Kind kommt, kann so manchen Skeptiker überzeugen. Nicht selten sind Urlauber darüber erstaunt, wie schön und interessant das Urlaubsland ist und wie hilfsbereit und freundlich die Menschen dort sind. Wenn Eltern Ihren Kindern tolerantes Verhalten vorleben, so werden auch diese eher bereit sein, gegenüber anderen tolerant zu sein.

BEHINDERTE FREUNDE

Toleranz bedeutet aber nicht, dass alle Menschen gleich sind, sondern dass sie gleichwertig sind. Eine der wichtigsten Voraussetzungen bei Kinderfreundschaften ist die Gleichrangigkeit. Jedes der Kinder trägt etwas in die Beziehung hinein und bekommt dafür etwas zurück. Geben und

Das Geben und Nehmen sollte wechselseitig sein, sonst ist die Beziehung nicht von langer Dauer.

Nehmen sollten wechselseitig stattfinden, ansonsten ist die Beziehung nicht von langer Dauer. Nun kann man sich fragen, ob das bei einem behinderten Kind als Freund auch so ist. Normalerweise ja, aber als Laie kommt man schnell auf den Gedanken, dass Behinderte doch eher nehmen als geben. Sie sind oftmals auf die Hilfe anderer angewiesen, und ihr Verhalten ist je nach Schweregrad der Behinderung nicht immer vorhersehbar und dadurch schwer einzuschätzen. Ist der Freund oder die Freundin ihres Kindes geistig behindert, so werden Eltern besorgt sein, dass ihr Kind nicht genügend geistige Anreize in seiner Freizeit erhält. Hat das Kind körperliche Behinderungen und ist in seiner Bewegung eingeschränkt, werden sie fürchten, dass ihr Kind zu wenig Bewegung bekommt, und zeigt es Verhaltensstörungen auf, haben die Eltern oft Sorge, dass es Anfälle oder aggressive Wutausbrüche bekommt, unter denen ihr Kind leiden könnte. Diese Befürchtungen und Ängste der Eltern sind verständlich, jedoch können sie gemildert werden, wenn sie sich ausführlicher über die verschiedenen Behinderungen informieren. Eltern werden feststellen, dass behinderte Kinder ihren Kindern eine ganze Menge zu bieten haben. Wie die Freundschaft mit einem behinderten Kind verläuft und gestaltet werden kann, hängt somit von der Art der Behinderung ab.

Sind die Eltern sowohl von dem behinderten als auch von dem gesunden Kind gewillt, ihren Kindern bei der Festigung ihrer Freundschaft zu helfen, so ist es ratsam, dass die beiden Kinder eine gemeinsame Tätigkeit oder ein gemeinsames Hobby ausüben. So kann das behinderte Kind sich mit dem gesunden Kind gleichrangig fühlen, und die Freundschaft wurde nicht nur aus Mitleid oder Fürsorge geschlossen. Für Kinder, die an den Rollstuhl gebunden sind, gibt es beispielsweise viele Möglichkeiten, sportlich aktiv zu sein. Mit einem entsprechenden Rollstuhl können sie gemeinsam mit dem nicht behinderten Kind tanzen, Handball, Basketball oder Tischtennis spielen.

Durch die Freundschaft mit einem behinderten Kind lernen Kinder Rücksichtnahme und Toleranz gegenüber Schwächeren.

Durch diese Aktivitäten bleiben beide Kinder gesund und munter. Das behinderte Kind gewinnt an Selbstvertrauen, und das nicht behinderte Kind lernt spielend den Umgang mit behinderten Menschen und die Einsicht, dass Behinderte besser in die Gesellschaft integriert werden können. Wenn Eltern glauben, dass taubstumme oder blinde Kinder keine geeigneten Spielkameraden sind, da man sich nicht so gut mit ihnen verständigen kann, haben sie sich geirrt. Vielen nicht behinderten Kindern wird es Spaß machen, die Taubstummen- oder Blindensprache zu erlernen. Das ist dann so etwas Ähnliches wie eine Geheimsprache, die die anderen nicht verstehen würden, was bei den befreundeten Kindern ein Zusammengehörigkeitsgefühl erzeugt. Durch die Freundschaft mit einem behinderten Kind kann Ihr Kind Rücksichtnahme und Toleranz gegenüber Schwächeren lernen und sich besser in ihre Behinderung einfühlen.

JÜNGERE ODER ÄLTERE FREUNDE

Viele Eltern finden es problematisch, wenn der Freund oder die Freundin ihres Kindes nicht gleich alt ist. Die meisten Eltern befürchten, dass ihr Kind in seiner Entwicklung hinter seinen Möglichkeiten bleibt, wenn es dazu tendiert, mehr mit jüngeren Kindern zu spielen. Aber anstatt sich darüber Sorgen zu machen, sollten Sie vielleicht eher darauf achten, warum Ihr Kind bevorzugt mit jüngeren Kindern spielt. Häufig fühlt sich das Kind in der Gleichaltrigengruppe nicht wohl, wenn es mit den meisten Aktivitäten der anderen Kinder nicht mithalten kann und öfter Misser-

Im Umgang mit jüngeren oder älteren Kindern können Kinder Defizite ausgleichen und somit voneinander profitieren.

folge erfährt. Dies kann zu Minderwertigkeitsgefühlen führen, die das Kind frustrieren. Würde es in der Gruppe bleiben, können eher Entwicklungsstörungen auftreten, als wenn es sich jüngeren Kindern anschließt. Bei einem jüngeren Kind hat es nun die Position des Älteren und kann dem jüngeren Kind bestimmte Dinge zeigen, ihm helfen und es beschützen. Das fördert das Selbstbewusstsein des älteren Kindes. Wenn es genügend Selbstwertgefühl erlangt hat, kann es vielleicht wieder Kontakte zu Gleichaltrigen aufnehmen. Lassen Sie Ihrem Kind also die Zeit, seinen eigenen Weg zu finden!

Im Gegensatz dazu löst ein Kind, dass den Umgang zu älteren Kindern sucht, bei den Eltern die Angst aus, dass es zu viel von seiner Kindheit opfert, um sich an die älteren Kinder anzupassen. Es kann sein, dass ihr Kind den anderen Gleichaltrigen einfach in seiner Entwicklung um einiges voraus ist, sodass ihm eine Freundschaft mit ihnen nicht möglich scheint, da die Gleichrangigkeit nicht gegeben ist. Wahrscheinlich bieten die anderen Gleichaltrigen ihrem Kind auch zu wenig geistige Anregungen, sodass es sich auf ältere Kinder konzentriert. Von ihnen erhofft es sich, etwas zu lernen und dort ernst genommen und verstanden zu werden. Solange die älteren Kinder Ihr Kind nicht unterdrücken oder ausnutzen, sollten Sie Ihrem Kind die Chance geben, seine eigenen Erfahrungen zu sammeln.

DAS BEFREUNDETE KIND KOMMT AUS ÄRMLICHEN VERHÄLTNISSEN

Häufig haben Eltern gegenüber Freunden ihres Kindes Vorbehalte, wenn diese aus finanziell schwächeren Verhältnissen kommen. Vielleicht haben sie Angst, dass man sie deswegen schief anguckt und schlecht über sie redet. Kinder aus wohlhabenderen Familien bekommen mehr Taschengeld, fahren öfter mit ihren Eltern in Urlaub und sind modischer gekleidet als Kinder aus ärmlicheren Verhältnissen. Aber sollte das der Grund sein, warum Eltern eine solche Verbindung ablehnen?

Eigentlich könnten Sie das befreundete Kind doch an Ihrem Reichtum teilhaben lassen. Sie könnten es beim nächsten Urlaub einladen mitzufahren, es mit ins Kino oder Konzert nehmen und ihm dadurch die Möglichkeit bieten, neue Eindrücke und unvergessene Erlebnisse zu erfahren.

Reichtum ist nicht alles, aber er macht viele Dinge möglich.

Um der Freundschaft der Kinder eine Chance zu geben, sollten beide Elternpaare zu dieser stehen und beide Kinder einen Nutzen aus ihrer Freundschaft ziehen. Jeder der beiden sollte etwas zu bieten haben, was dem anderen fehlt. Vielleicht ist das Kind aus den ärmeren Verhältnissen ja sehr gut in der Schule, sodass es dem anderen Kind bei den Schulaufgaben helfen kann. Oder es hat im Gegensatz zum Kind reicher Eltern viele Geschwister, mit denen sie spielen können. Auf jeden Fall sollte das ärmere Kind das Gefühl haben, nicht immer nur der nehmende Partner zu sein, sondern auch jemand, der etwas Wichtiges zu geben hat. Das stärkt sein Selbstwertgefühl und macht es zum ebenbürtigen Partner.

DIE FALSCHEN FREUNDE

Es wäre schön, wenn Eltern bei der Freundschaftswahl ihrer Kinder ab und zu mehr Toleranz zeigen könnten. Doch es gibt auch Kinder, mit denen Sie als verantwortungsvolle Eltern Ihrem Nachwuchs den Umgang nicht erlauben sollten: Kinder, die sich zu kriminellen Banden organisiert haben und in Läden Sachen stehlen, die Autos knacken, die anderen Kindern Gewalt antun oder die Verbindungen zur Dro-

Ist Gewalt mit im Spiel, kann es für Ihr Kind gefährlich werden.

genszene haben. Solange sich diese Kinder auf solch gefährlichen Pfaden bewegen, werden sie versuchen, ihre Freunde da mit hineinzuziehen. Das sollten Eltern unbedingt verhindern, denn ist ihr Kind bereits Mitglied solch einer Gruppe, Clique oder Bande, ist es sehr schwer, es dazu zu bewegen, sich von diesen Freunden zu trennen. Häufig wird es sogar durch Erpressung oder Gewaltandrohung unter Druck gesetzt, nicht aus der Gruppe auszusteigen.

Wenn Sie bemerkt haben, dass Ihr Kind sich ständig verspätet, es plötzlich Dinge mit nach Hause bringt, die es sich nicht von seinem Taschengeld leisten kann oder es verängstigt und unruhig wirkt, dann sollten Sie aufmerksam werden. Versuchen Sie vorsichtig, Ihr Kind darauf anzusprechen. Fragen Sie in ruhigem und freundschaftlichen Ton, warum es zu spät kommt oder woher es die neuen Sachen hat. Lassen Sie das Gespräch nicht wie ein Verhör wirken. Hacken Sie nicht lange auf einer Sache herum, sonst kann es passieren, dass Ihr Kind sich eher verschließt als öffnet. Berichtet Ihr Kind von seinen Missetaten, dann zeigen Sie ihm, dass es sehr mutig und gut war, es zu erzählen und dass Sie ihm helfen werden, seinen Fehler wieder gutzumachen.

Eine große Standpauke oder Strafe wäre keine gute Lösung, da Ihr Kind an Vertrauen zu Ihnen verlieren würde. Machen Sie Ihrem Kind die moralische Haltung deutlich, wenn Sie ihm von nun an den Umgang mit diesen Freunden verbieten und von ihm verlangen werden, diese Vorfälle nicht zu wiederholen.

Ist Ihr Kind schon tiefer in kriminelle Handlungen verstrickt oder sogar in die Drogenszene abgerutscht, suchen Sie unbedingt Hilfe von außen. Sprechen Sie mit anderen betroffenen Eltern oder suchen Sie Rat bei Drogenberatungsstellen in Ihrer Nähe oder der Polizei.

7. Kapitel

WIE ELTERN IHREM KIND HELFEN KÖNNEN, FREUNDE ZU FINDEN

Nachbarskinder bieten sich als Freunde besonders an.

WAS KÖNNEN WIR TUN?

Das ist wohl die erste Frage, die Eltern sich stellen werden, wenn Sie erkannt haben, dass Ihr Kind Schwierigkeiten hat, Freunde zu finden.

Sie als Eltern können zwar nicht selbst Kinderfreundschaften stiften, aber Sie können versuchen, Ihrem Kind dabei zu helfen, Freunde zu finden. Einerseits können Sie versuchen, Ihr Kind so zu erziehen, dass es freundschaftsfähig wird. Und andererseits können Sie versuchen, Ihrem Kind Gelegenheiten zu verschaffen, die es ihm ermöglichen, viele Altersgenossen kennen zu lernen.

DIE ERSTE BEZIEHUNG

Vor allem sollte Ihr Kind vertrauen können und wissen, dass es liebenswert und darum auch als Freund oder Freundin begehrt ist. Aus diesem Grund ist es ratsam, zu überprüfen, wie stabil und intakt die Beziehung zwischen Ihnen und Ihrem Kind ist. Denn zu Ihnen hat Ihr Kind die erste soziale Beziehung.

Eine sichere Bindung zwischen Ihnen und Ihrem Kind ist die Basis für spätere Freundschaften.

Bevor Säuglinge und Kleinkinder überhaupt bereit sind, sich in unbekannte Situationen zu begeben und andere Personen kennen zu lernen, müssen sie erst einmal Sicherheit und Vertrauen zu den Eltern entwickeln. Eine sichere Bindung zwischen Eltern und Kind bietet somit die Basis für den Erwerb von Fähigkeiten und Wissen, die es ihm ermöglichen, sich auf sich selbst zu verlassen und sich von den Eltern lösen zu können. Kinder, die viel Liebe, Zuwendung, Zärtlichkeit und Sicherheit bekommen, haben Vertrauen in ihre Eltern und können sie als sichere Basis benutzen, um beispielsweise eine fremde Umgebung zu erforschen. Diese sichere Beziehung kann dann allmählich durch Beziehungen zu Gleichaltrigen oder Partnern ersetzt werden.

Die Sicherheit innerhalb der Familie ist anfangs eine Form von Abhängigkeit. Bei der Geburt ist Ihr Kind vor allem auf Ihre Fürsorge angewiesen. Es hat Hunger, spürt Nässe und Kälte und braucht körperliche Zuwendung und Schutz. Wer all diese Bedürfnisse befriedigt, wird als Bezugsperson wahrgenommen, zu der das Kind eine sichere Bindung aufbaut. Dies sind im Normalfall die Eltern, aber vor allem die Mutter, die ihr Kind stillt. Körperkontakt wie Streicheln oder Kitzeln machen dem Kind nicht nur Spaß, sondern geben ihm Geborgenheit und Wohlbefinden. Besonders wichtig ist, dass sie mit Ihrem Kind viel sprechen.

KINDER UND ELTERN BEEINFLUSSEN SICH GEGENSEITIG

Um dieses Pflegeverhalten aufrechtzuerhalten, ist der Säugling mit einem bestimmten Verhaltensrepertoire ausgestattet. Nicht nur sein kindliches Aussehen, sondern auch sein hilfloses und nach Fürsorge suchendes Verhalten löst bei Erwachsenen einen Helferinstinkt aus. Dabei sind sowohl das Verhalten des Kindes als auch das der Eltern ganz fein aufeinander abgestimmt und entwickeln sich in einer bestimmten Abfolge.

Nach Auffassung verschiedener Bindungstheoretiker, so der Diplompsychologin Elisabeth Fremmer-Bombik, erstellen sich Kinder innere Arbeitsmodelle von ihren Bindungsfiguren und von sich selbst. Dies geschieht schon in der ersten Hälfte ihres Lebens und bleibt bis ins Erwachsenenalter erhalten. Auf Grund von Erfahrungen aus den Interaktionen mit ihren Eltern können Kinder später je nachdem ein sicheres oder unsicheres Modell aufbauen. Dabei spielt die Beziehung zur Mutter im ersten Lebensjahr des Kindes eine entscheidende Rolle.

Kinder erstellen sich innere Arbeitsmodelle von ihren Eltern.

Sicher gebundenen Kindern fällt es leichter, Freunde zu finden.

Welche Bindung Ihr Kind zu Ihnen aufgebaut hat, lässt sich anhand von kurzzeitigen Trennungen zwischen Ihnen und Ihrem Kind feststellen:

- Kinder, die viel Liebe, Zuwendung, Zärtlichkeit und Sicherheit erhalten, entwickeln eher ein sicheres Bindungsverhalten. Bei kurzzeitigen Trennungen, wenn die Mutter beispielsweise den Raum verlässt, empfindet das sicher gebundene Kind sie immer noch als verfügbar. Erst nach einer längeren Abwesenheit fängt es an, unruhig zu werden und nach ihr zu suchen. Die Rückkehr der Mutter bestärkt es aber in seinem Glauben an ihre Zuverlässigkeit, sodass es sofort Trost bei ihr sucht und sich schnell und wirksam beruhigen lässt. Dadurch kann es sich der Erkundung der Umgebung wieder voll und ganz hingeben, und die negativen Gefühle des Verlassenseins werden durch die positiven Gefühle über einen guten Ausgang überwunden.
- Diese Kinder sind fremden Situationen oder Personen gegenüber sehr zuversichtlich und aufgeschlossen und verfügen auf Grund der sicheren Bindung eher über ein festes Freundschaftsnetzwerk, haben häufiger „beste" Freunde und weniger Probleme mit Gleichaltrigen als unsicher gebundene Kinder. Willard Hartup ist der Ansicht, dass Kinder, die sowohl in der Familie als auch in Beziehungen zu Gleichaltrigen anerkannt und sicher gebunden sind, bessere soziale Voraussetzungen mitbringen, um Freundschaften zu schließen als Kinder, die diese Anerkennungen und Gebundenheit nicht mitbringen.

Nach Ansicht von Maria von Salisch und Inge Seiffge-Krenke werden unsicher gebundene Kinder weniger von ihren Klassenkameraden akzeptiert, sie verhandeln weniger bei Auseinandersetzungen, ihre Freundschaften sind eher einseitiger Natur und sie verbringen weniger Zeit mit ihren Freunden.

SPIEL- UND KRABBELGRUPPEN ALS EXPERIMENTIERFELDER

Eltern, die ihren Kindern wenig Zuneigung oder Sicherheit geben, haben in ihrer eigenen Kindheit häufig die gleichen Erfahrungen gemacht und wenig von diesen Gefühlen mitbekommen. Sie haben somit keine Verhaltensmuster entwickeln können, um ihre Gefühle gegenüber Ihrem Kind auszudrücken und weiterzugeben. Sie wissen einfach nicht, wie sie ihrem Kind Zärtlichkeit und Nähe schenken können. Für betroffene Eltern ist es von Vorteil, Gruppen und Orte aufzusuchen, in denen positive Verhaltensmuster zwischen Eltern und Kindern ausgeübt werden.

Eigene Formen des sozialen und liebevollen Umgangs mit Ihrem Kind erlernen

Spiel- und Krabbelgruppen oder auch Stillgruppen sind hierfür die geeigneten Treffpunkte. Dort finden sie meistens eine sehr lockere und entspannte Atmosphäre vor sowie Eltern, die fürsorglich und liebevoll mit ihren Kindern umgehen. Wenn Sie bereits während der Schwangerschaft an diese Möglichkeiten gedacht haben, ist es am einfachsten, Adressen und Informationen mit anderen werdenden Eltern im Schwangerschaftskurs oder Krankenhaus auszutauschen.

Besuchen Sie dann den selben Treff, sind anfängliche Hemmungen schneller überbrückt, da man bereits miteinander bekannt ist. Sie können auch eine Suchannonce in der Zeitung aufgeben oder eine eigene Gruppe gründen, falls die Entfernungen für die anderen Eltern nicht zu groß und die räumlichen Bedingungen gegeben sind. Informationen und Adressen solcher Treffen finden sich auf jeden Fall bei karitativen Einrichtungen in Ihrer Gemeinde, am schwarzen Brett im Krankenhaus oder in Zeitungen.

KONTAKTAUFNAHME UND ZUSAMMENSPIEL ÜBEN

Ihr Kind lernt, eigene Wünsche zu erkennen und Verhaltensweisen nachzuahmen.

Aber der wichtigste Vorteil solcher Gruppen ist natürlich, dass Ihre Kinder bereits früh Kontakt zu anderen Kindern knüpfen und mit ihnen spielen können. Wahrscheinlich wird es bei den ersten Sitzungen noch nicht zu großen Spielaktionen kommen. Meistens spielen Kinder, die ein Jahr oder jünger sind, eher für sich, schauen sich die Umgebung an und halten Kontakt zur Mutter oder zum Vater. Und wenn die Kinder Kontakt zu anderen Babys aufnehmen, hat es oftmals nur den einen Grund: das Spielzeug des anderen zu ergattern oder das andere Kind anzugucken und anzufassen. Rangeleien und Geschrei werden also keine Seltenheit sein.

Doch diese Interaktionen bewirken eine Menge. Die Kinder merken, dass sie durch ihr Verhalten etwas verändern können. Sie beobachten viel, erkennen eigene Wünsche und ahmen Verhaltensweisen nach. Ein harmonisches Zusammenspiel ist in diesem Alter zwar noch nicht möglich, aber das werden sie spätestens Ende des zweiten Lebensjahres entdecken. Diese Gruppen dienen sozusagen als erste Experimentierfelder für späteres Zusammenspiel.

Spielzeug, bestimmte Spiele und Übungen können diesen Kontakt aber zusätzlich fördern, wenn sie auf die Fähigkeiten und Ansprüche der Kinder abgestimmt werden. Dadurch können die Kinder aktiv dazu angehalten werden, Blickkontakt aufzunehmen und zu halten sowie sich einander anzunähern und anzufassen. Sie sollten jedoch darauf achten, dass das Spielen Ihr Kind nicht überfordert. Falls ihm der ganze Trubel zu viel wird, sollte es sich bei Ihnen in Sicherheit fühlen und ausruhen können. Lassen Sie Ihrem Kind auch viel Zeit dabei, sich an all diese neuen Eindrücke zu gewöhnen. Setzen Sie es nicht unnötig unter Druck, und greifen Sie nur dann in das Geschehen ein, wenn Sie der Auffassung sind, dass es für Ihr Kind bedrohlich oder unangenehm zu sein scheint. Somit kann es seine eigenen Grenzen beim Spielen erkunden und trotzdem die Sicherheit haben, dass Sie da sind, wenn es Hilfe sucht.

FREUNDE UND BEKANNTE BESUCHEN

Dass außerfamiliäre Kontakte der Eltern in unserer heutigen Zeit nicht nur für sie selbst, sondern auch für ihr Kind immer wichtiger werden, hängt zudem mit gesellschaftlichen Veränderungen zusammen. Die Großfamilie weicht immer mehr der Kleinfamilie oder Alleinerziehenden. Die Geburtenrate geht zurück, und viele Mütter gehen neben dem Vater oder als Alleinerziehende ebenfalls einer Arbeit nach, sodass die meisten Kinder als so genannte „Schlüsselkinder" den Nachmittag alleine zu Hause verbringen müssen. Freunde sind deshalb als Bezugsgruppe wichtiger als je zuvor.

Das bedeutet aber keineswegs, dass die Kernfamilie (wie groß sie auch sein mag) isoliert lebt. Sie ist meistens in ein großes Geflecht von anderen sozialen Netzwerken eingebunden. Zu diesen Netzwerken gehören Verwandte, Freunde, Bekannte und Nachbarn.

Je mehr Sie den Kontakt zu diesen sozialen Gruppen aufrechterhalten, desto günstiger wirkt sich das auch auf die Entwicklung des sozialen Netzwerkes und die soziale Kompetenz Ihres Kindes aus. Sie als Eltern dienen sozusagen als Modell. Durch genaues Beobachten Ihres Verhaltens können Ihre Kinder diese Verhaltensweisen bis zu einem gewissen Grad nachahmen und daraus indirekt soziales Verhalten lernen.

Außerfamiliäre Kontakte erhöhen die soziale Kompetenz Ihres Kindes.

Noch günstiger ist es für Ihr Kind, wenn Ihre Freunde, Verwandten oder Bekannten ebenfalls Kinder haben. Da man sich gegenseitig häufiger besucht, können auch die Kinder öfter miteinander in Kontakt treten.

Sanne und Lisa erinnern sich noch ganz genau, wie sie Freundinnen wurden. Die Eltern der beiden kannten sich schon länger und fanden es eine gute Idee, wenn ihre Kinder sich auch näher kennen lernen würden. So wurde das erste Treffen organisiert. Lisa und Sanne guckten sich nach der Begrüßung eine ganze Weile nur an und beobachteten haargenau, was die andere gerade machte. Erst als die Eltern sich in „wichtige" Erwachsenengespräche vertieften, gingen die Mädchen aufeinander zu. Sanne fing an, mit ihrem Becher auf den Tisch zu klopfen, was Lisa ihr gleich nachmachte. Freudestrahlend wiederholte Sanne ihr Klopfen, und auch Lisa machte es großen Spaß. Den Eltern wurde das ein wenig zu laut, sodass sie die beiden von ihren Stühlen auf den Boden setzten. Hier fingen die beiden nun an, sich sportlich zu betätigen. Gegenseitig jagten sie sich durch die Wohnung, bis sie erschöpft und zufrieden bei ihren Eltern auf den Schoß sanken. Die Eltern merkten, dass die beiden sich auf Anhieb gut verstanden, sodass sie sich jetzt öfter trafen – der Anfang einer tollen Freundschaft war gemacht.

RÄUMLICHE NÄHE HILFT

Freundschaften entwickeln sich leichter und schneller, je häufiger sich Menschen treffen und je näher sie beieinander wohnen. Demnach sind Nachbarskinder die bestmögliche Chance, um als Kind Freunde zu gewinnen. Da Kinder vor allem in dem Bezirk wohnen, wo sie auch in den Kindergarten gehen oder eingeschult werden, ist diese Voraussetzung der Kontakthäufigkeit in den meisten Fällen gegeben.

Besonders für die jüngeren Kinder ist es eine gute Möglichkeit, sich mit anderen Kindern anzufreunden. Denn sobald sie draußen spielen können, treffen sie meistens auf Kinder, die in der Nachbarschaft wohnen. Dies kann im Garten einer Einfamilienhaussiedlung, im Hof eines Mietshauses, auf der Straße oder auf dem Spielplatz in der Nähe sein. Meistens sind diese neu gewonnenen Freundschaften dann auch von langer Dauer, da die Kinder oft gemeinsam in den Kindergarten gehen oder zusammen eingeschult werden. Aber auch für Sie als Eltern bringt die räumliche Nähe Vorteile. Sie können Ihr Kind anfangs begleiten, ohne viel Zeit für weite Wegstrecken in Kauf nehmen zu müssen, und Ihrem Kind ein wenig zur Seite stehen, falls es Schwierigkeiten gibt. Ein Kind findet jedenfalls eher den Mut, sich aus dem elterlichen Schutz zu lösen, wenn es die Sicherheit hat, schnell zurück zu den Eltern gehen zu können. Außerdem lernt man als Erwachsener auf dem Spielplatz selbst recht schnell Eltern kennen, zu denen man dann eine freundschaftliche Verbindung aufbauen kann.

Und mit der Zeit, wenn ihr Kind sicherer geworden ist, kann es jederzeit auch mal alleine zum Nachbarskind hinübergehen. Aus ersten Treffen können sich dann langsam feste Verabredungen entwickeln. So kann Ihr Kind beispielsweise mit seiner neuen Freundin oder seinem neuen Freund zusammen spielen, Hausaufgaben erledigen oder auch zum Mittagessen da bleiben – für berufstätige Mütter eine optimale Lösung. Man ist für eine gewisse Zeit von der Erziehungsarbeit entlastet, und das Kind ist trotzdem in guten Händen. Wie wäre es, wenn Sie sich bei der Kinderbetreuung abwechselnd organisieren, sodass beide Parteien davon profitieren können?

Besonders beliebt bei Kindern, die schon richtig „dicke“ Freunde geworden sind, ist das Übernachten bei dem

Freund oder der Freundin. Auch das lässt sich bei Nachbarskindern einfacher regeln. Bevor man aber sein Kind in einer fremden Umgebung schlafen lässt, sollte natürlich das Einverständnis der anderen Eltern eingeholt und dem Kind klar gemacht werden, dass es immer und zu jeder Zeit nach Hause kommen kann, wenn es das möchte. Denn bei den ersten Übernachtungen kann es vorm Schlafengehen doch hin und wieder dazu kommen, dass die Mutter oder der Vater vermisst wird. Ein kurzer Besuch der Eltern im fremden Schlafzimmer gibt dem Kind die Sicherheit, dass die Eltern da sind, wenn es sie braucht und es lieb haben.

Beim gegenseitigen Übernachten müssen einige Dinge beachtet werden.

Häufig überwiegt die Neugier und der Spaß, mit dem Freund oder der Freundin gemeinsam zu Bett zu gehen, Geschichten zu hören und gemeinsam aufzuwachen. Außerdem stärkt es das Zusammengehörigkeitsgefühl der befreundeten Kinder enorm. Deshalb sollten die Eltern anfangs ruhig ein Auge zudrücken, wenn die Kinder ein bisschen länger das Licht anlassen als gewöhnlich. Falls ihr Kind dann nach großem Übereifer doch merkt, dass es lieber zu Hause in seinem Bett schlafen möchte, so macht es weniger Umstände, Ihrem Kind diesen Wunsch zu erfüllen. Wenn Sie aber den „kinderlosen“ Abend dafür nutzen wollen, selbst außer Haus zu gehen, sollten Sie nicht vergessen, den Gasteltern die Telefonnummer Ihres Aufenthaltsortes dazulassen, damit Sie bei möglichen Komplikationen erreichbar bleiben.

IST PLATZ ZUM SPIELEN DA?

Noch mal eben schnell nach draußen zu gehen, um mit den Kindern von nebenan zu spielen, ist nicht für alle Kinder eine Selbstverständlichkeit. Besonders für Stadtkinder bleibt diese Möglichkeit häufig eingeschränkt. Oft ist die Entfernung zu den Freunden groß. Die Straße vor dem Haus ist vielleicht vierspurig und der nächstliegende Spielplatz so weit entfernt, dass Ihr Kind auf die Begleitung Erwachsener angewiesen bleibt. Wird der Hof zum Spielplatz gemacht, löst das bei vielen Mitbewohnern auch nicht gerade Freudenrufe aus. So wird die eigene Wohnung zum wichtigsten Spielort.

Für Eltern bedeutet das in vielen Fällen, einen echten Spielplan zu erstellen. Zuerst einmal sollte genügend Platz vorhanden sein, damit die Kinder sich richtig austoben können und nicht auf einem Fleck in Bedrängnis geraten. Verfügen Ihre Kinder nicht über ein eigenes oder großes Kinderzimmer, so sollte ihnen der Zugang zum Wohnzimmer oder zum Flur offen stehen. Denn Kinder lieben es, sich zu jagen, zu springen und zu raufen, was in kleinen Räumen nicht so gut funktioniert. Das macht selbstverständlich viel Lärm und bringt Chaos mit sich, sodass Sie wohl häufiger eingreifen müssen. Tun Sie es aber mit Gelassenheit und versuchen Sie, den Krach auch mal zu akzeptieren. Denn die Kinder können sich nicht in ihr Spiel vertiefen, wenn sie durch ständige Ermahnungen „Spielt doch ein bisschen leiser", „Jetzt ist aber Ruhe" oder „Wenn ihr nicht ruhiger spielt, nehm' ich euch die Sachen weg" unterbrochen werden. Schließlich können sie ja nichts dafür, wenn sie auf die Wohnung als Spielplatz angewiesen sind. Greifen Sie dann ein, wenn es andere Nachbarn enorm stören könnte oder wenn eines der Kinder sich im Trubel zu verletzten oder das Spiel in eine einzige große Streiterei zu entgleisen droht.

Sind die Kinder doch gezwungen, auf engem Raum zu spielen, so sollten die Spielmöglichkeiten darauf abgestimmt werden, damit es nicht zu Auseinandersetzungen oder Tränenvergießen kommt. Denn in einem kleinen Zimmer kommt es auch zwangsläufig zu häufigeren Körperkontakten. Schnell kann es passieren, dass die Kinder sich bedrängt fühlen und aggressiv werden. Puzzle- oder Kartenspiele, Basteln oder Malen bieten sich hier als Alternativen an. Das bringt Ruhe ins Geschehen und fordert die Kinder, sich eine Weile auf eine ganz bestimmte Sache zu konzentrieren. Nicht die räumliche Entfaltung, sondern das Miteinander ist jetzt gefragt.

Große Räume laden zum Toben ein, kleine Räume hingegen bringen Ruhe und Konzentration.

WIE SPIELT MAN RICHTIG MIT SEINEM KIND?

Gut miteinander spielen zu können ist für Kinder einer der wichtigsten Gründe für eine Freundschaft, vor allem für die Jüngeren, da sie ihren Freund hauptsächlich als Spielkameraden betrachten. Wer also gut spielen kann und tolle Ideen hat, ist als Freund begehrt. Fantasie und Einsatzbereitschaft sind aber nicht bei allen Kindern gleich stark vorhanden. Manchmal haben Kinder Schwierigkeiten damit, sich sinnvoll zu beschäftigen und Spiellust zu entwickeln. Sie schauen unendlich viel Fernsehen oder Videos, spielen lieber alleine Computerspiele, lesen Comikhefte oder hören Kassetten. Ab und zu ist gegen diese Zeitvertreibungen sicher nichts einzuwenden, aber auf Dauer kann es die Kinder unter Umständen einsam machen.

Wenn Sie das bei ihrem Kind beklagen, sollten Sie sich selbst einmal fragen, was Sie in ihrer Freizeit machen. Oftmals spiegeln die Gewohnheiten der Kinder nämlich das Verhalten der Eltern wider. Den Satz „Ach, ich bin jetzt zu müde zum Spielen“ kriegen viele Kinder zu oft zu hören.

Nehmen Sie sich doch einfach mal wieder mehr Zeit für Ihr Kind. Spielzeug haben Kinder heute zwar mehr als genug, aber mit dem Vater oder der Mutter zusammen zu spielen macht bestimmt mehr Spaß, als es alleine zu tun. Suchen Sie aus dem Spielangebot eins aus, das allen Spaß macht. Eine Miniatureisenbahn beispielsweise weckt garantiert bei vielen Vätern wieder die Lust, selber den Lokführerposten zu übernehmen. Doch bei aller Euphorie: Vergessen Sie ihr Kind nicht dabei! Zusammen können Sie eine Reiseroute erstellen und abwechselnd den Zug führen. Sie werden bald feststellen, dass Ihr Kind rasch eigene Spielideen entwickelt, die vielleicht sogar besser sind, als Ihre eigenen.

Ein Kind, das gut spielen kann, tolle Ideen hat und auch mal im Spiel verlieren kann, ist als Freund begehrt.

Bei den jüngeren Kindern sind Fangspiele das Schönste. Tun Sie so, als seien Sie ein gefährlicher Bär oder Löwe, der seine Beute jagen muss. Ihr Kind wird quietschend vor Vergnügen vor Ihnen davonlaufen. Gelingt es Ihrem Kind, Ihnen öfter aus den „Klauen" zu entkommen, erhöht das die Spannung und Spiellaune. Auch hier lassen sich verschiedene Spielvarianten ausprobieren. Jäger und Gejagter können sich immer wieder abwechseln. Wird Ihnen die Jagd jedoch zu wild oder aggressiv, weil Ihr Kind sie plötzlich lieber „totschießen" will, um nicht gefangen zu werden, dann gehen Sie behutsam darauf ein. Stellen Sie sich verletzt und bitten Sie um Hilfe. Ihr Kind wird wohl zuerst erschrecken, aber sich dann schnell fangen und den „Arzt holen". Dadurch kehrt ein wenig Ruhe ins Spiel ein, und es bekommt einen neuen Sinn. Denn nun ist die Jagd vom Helfenwollen geprägt und nicht von Aggressivität.

Für ältere Kinder oder solche, denen sportliche Aktivitäten oder Verfolgungsjagden zu stürmisch sind, bieten Brettspiele oder Denkspiele eine gute Möglichkeit, die Zeit mit ihren Eltern zu verbringen. Bei diesen Spielen wird vor allem das strategische Denken und die Fantasie angeregt. Wichtig ist, dass die Spiele auf das Niveau der Kinder abgestimmt sind und die Spielrunden nicht zu lange dauern. So kann die Frustration bei einer Niederlage durch einen möglichen Erfolg in der nächsten Runde schnell kompensiert und die Spannung aufrecht erhalten werden. Das Kind lernt spielerisch, auch mal verlieren zu können.

Denn Eltern verfallen schnell in die Rolle, ihrem Kind den Gewinn oder die Führung im Spiel zu überlassen. Bei Gleichaltrigen ist das ganz anders. Da gibt es echte Konkurrenz, und jeder möchte gerne gewinnen, das schönere Spielzeug besitzen oder die Spielführung übernehmen. Kinder, die früh lernen, mit Niederlagen umzugehen und teilen zu können, werden eher als Spielpartner gewählt als Kinder, die immer bestimmen wollen oder beleidigt sind, wenn sie mal nicht gewonnen haben.

KINDGERECHT GESTALTETE FREIZEIT

Mit Ihrem Kind zusammen zu spielen ist nur eine Möglichkeit von vielen anderen Freizeitunternehmungen, die Sie mit Ihrer Familie machen können. Ein Besuch im Zoo oder Zirkus, eine Fahrt in einen Freizeitpark, Radtouren oder ein spontaner Ausflug ins Grüne sind eine prima Abwechslung. Soll es ein Ausflug werden, bringen die Vorbereitungen für die Fahrt Ihrem Kind bereits viel Spaß. Es müssen Decken und der Picknickkorb eingepackt und Spielsachen ausgesucht werden. Vielleicht einen Drachen oder das Buddelzeug? Und wohin soll es gehen? Lassen sie Ihr Kind ruhig mitentscheiden, welches Ziel Sie ansteuern wollen. Schließlich soll es ihm ja auch gefallen.

Bei einem Ausflug ins Grüne oder im Urlaub gibt es viele Möglichkeiten für Ihr Kind, andere Kinder kennen zu lernen.

Und was das Beste an so einer Fahrt ist: der Freund oder die Freundin Ihres Kindes könnte doch auch mitfahren. So haben beide Kinder bestimmt einen tollen Tag mit vielen neuen Eindrücken vor sich, den sie gemeinsam erleben können. So etwas bleibt in Erinnerung und schweißt zusammen. Und falls Sie mit Ihrem Kind alleine einen Ausflug planen, so suchen Sie doch gemeinsam einen Ort aus, an dem möglichst viele Kinder anzutreffen sind. Fahren Sie dann lieber an etwas belebtere Plätze, an denen sich Familien mit Kindern gerne treffen. Ein Baggersee oder ein großer Park sind beliebte Ausflugsziele. Denn ist das Wetter und die Laune gut, zieht es die Menschen nach draußen, und Kontakte lassen sich in so entspannter Stimmung auch für Kinder eher anknüpfen.

Auch Freundschaften auf kurze Zeit können Ihrem Kind Freude machen.

Das Gleiche gilt für die Ferienzeit. Ist ein größerer Urlaub geplant, sollte auch hier Ihr Kind beim Urlaubsziel mitbestimmen dürfen. Ein Trip in die einsame Wildnis kann zwar ein interessantes Erlebnis sein, aber um Ihrem Kind die Chance zu bieten, neue Freunde zu finden, erscheint diese Reisemöglichkeit doch eher ungeeignet. Da ist ein Campingurlaub auf einem Zeltplatz für die meisten Kinder eine bessere Alternative. Draußen in der Natur in einem Zelt oder Wohnwagen zu schlafen erinnert an Pfadfindergeschichten und hat etwas von Wildnis und Abenteuer. Und da sich viele Familien hier treffen, ist es einfacher für Kinder, neue Spielkameraden kennen zu lernen. Es sind dann möglicherweise nur Freundschaften für kurze Zeit, aber wer sich bemüht, kann diese Freundschaften auch nach dem Urlaub aufrechterhalten. Die Kinder können sich schreiben oder auch gegenseitig besuchen. Vielleicht wohnen sie ja sogar in derselben Stadt.

Wird es ein Urlaub im Hotel, sollten Sie darauf achten, dass es für Familien mit Kindern geeignet ist. Diese Hotels bieten nicht nur familiengerechte Zimmer und Hotelanlagen, sondern haben häufig auch Animationsprogramme für Kinder im Angebot. So können Sie auch mal ein wenig Zeit für sich in Anspruch nehmen, und Ihr Kind kann sich mit anderen Kindern bei lustigen und spannenden Aktionen austoben. Wenn Sie aber so viel wie möglich mit Ihrem Kind zusammen erleben wollen, nutzen Sie die Gelegenheit,

mit kleinen Reisegruppen die Landschaft zu erkunden. Besonders für ältere Kinder kann dies interessant sein. Es lernt dabei nicht nur etwas über das Land und die Menschen, die dort leben, sondern findet eventuell auch hier Kontakt zu anderen Kindern. Dass kurzzeitige Freundschaften besser sind, als gar keine Freunde zu haben, wird auch in der lustigen Geschichte „Orlando's Little-While Friends" von Audrey Wood erzählt, in der ein kleiner Junge namens Orlando auf einem Campingplatz für einen Tag ein nettes Mädchen und noch andere Kinder kennen lernt.

IM VEREIN HOBBYS AUSÜBEN

Je mehr Sie mit Ihrem Kind unternehmen und je älter es wird, desto wichtiger wird ein bestimmtes Hobby, das seine Interessen erweitert und seine Freizeit sinnvoll ausfüllt. Ist Ihr Kind besonders an sportlichen Aktivitäten interessiert, so ist der Eintritt in einen Sportverein eine gute Möglichkeit, um seine Leidenschaft mit anderen Kindern zu teilen. Sport fördert viele soziale Fähigkeiten wie Mannschaftsgeist, Zuverlässigkeit durch Disziplin, Rücksichtnahme und Engagement. Außerdem stärkt es die körperlichen Kräfte, die Widerstandskraft und die Konzentration Ihres Kindes, was zur Verbesserung von Schulleistungen beitragen kann. Aber Vorsicht: Der Verein sollte niemals als Druckmittel benutzt werden – weder als Belohnung noch als Verbot für bestimmte Handlungen ihres Kindes. Und falscher Ehrgeiz sollte absolutes Tabu sein. In erster Linie sollte der Sport Ihrem Kind Spaß bereiten. Wenn es sich dann doch zum kleinen Weltmeister entwickelt, gibt es bestimmt Mittel und Wege, dies auch zu fördern. Bei jüngeren Kindern kommt es häufig vor, dass sie sich bei der Wahl der Sportart nicht immer ganz im Klaren sind. Heute wollen sie diese, morgen jene Sportart ausüben. Hier sollten Sie Ihrem Kind helfen, sich für eine Weile erstmal für eine Sportart zu entscheiden. Gefällt sie ihm überhaupt nicht, suchen Sie gemeinsam mit Ihrem Kind eine andere Disziplin aus.

Ist Ihr Kind noch nicht im Schulalter, so sind sportliche Aktivitäten wie Kinderturnen oder Schwimmen gut geeignet, seine körperlichen und sozialen Fähigkeiten zu fördern und zu verfeinern. Hier zählt noch nicht der harte Kampfgeist, sondern es geht darum, die Kinder mit Spaß und Spiel an die möglichen Sportarten heranzuführen. Es wird zum Beispiel viel mit Bällen und gymnastischen Übungen versucht, die Beweglichkeit und Feinmotorik des Kindes zu trainieren. Das soziale Miteinander folgt dann wie von selbst. Sport im Verein, scheint also ein gutes Mittel zu sein, um die Entwicklung Ihres Kindes zu fördern und eventuell die eine oder andere Schwäche auszubügeln. Für Kinder, denen es zum Beispiel ein wenig an Selbstvertrauen mangelt, die aber trotzdem sportlich begabt sind, scheinen Einzelsportarten wie Schwimmen oder Leichtathletik sehr geeignet zu sein. Hier können sie ihre Leistungsstärke in Erfahrung bringen und durch einen Sieg ihr Selbstwertgefühl steigern. Liebt Ihr Kind die Natur und Tiere, bietet sich das Reiten an. Diese Sportart ist besonders bei den Mädchen sehr beliebt, denn neben dem sportlichen Anreiz lernen diese gleichzeitig, sich auch um ein anderes Lebewesen zu kümmern.

Sport macht nicht nur Spaß und hält gesund, sondern fördert auch soziale Fähigkeiten und gibt Selbstvertrauen.

Einem Kind, dass gerne mit anderen zusammen sportlich aktiv sein möchte, aber dennoch ein wenig egoistisch ist, könnten Mannschaftssportarten wie Handball, Fußball oder Basketball gute Dienste erweisen. Hier kommt es auf das Miteinander und die Rücksichtnahme an. Die Fähigkeit, sich gegenüber anderen sozial und fair zu verhalten, wird besonders gefördert. Für Jungen, die etwas mehr an impulsiver oder aggressiver Energie haben, ist das eine Möglichkeit, diese beim Spiel abzubauen.

ALTERNATIVEN NEBEN DEM SPORT

Aber nicht jedes Kind kann diesem bewegungsfreudigen Zeitvertreib etwas abgewinnen. Viele Kinder haben ihre Stärken und Interessen eher in musischen oder geistigen Bereichen. Spielt Ihr Kind ein Instrument, so kann die Mitgliedschaft in einem Orchester ähnliche Wirkungen auf die Entwicklung ihres Kindes haben wie Mannschaftssportarten. Auch hier ist das Zusammenspiel das oberste Gebot.

Die Teilnahme in einem Orchester hat ähnliche Wirkungen wie der Mannschaftssport.

Mag Ihr Kind lieber Dinge erfinden und mit Sachen experimentieren, so sollte es einen Verband aufsuchen, der diese Interessen vertritt. Arbeitsgemeinschaften an der Schule im Bereich Mathematik, Lyrik oder Theater sind eine Möglichkeit. Wer aber lieber als Solist auftreten oder seine Fähigkeiten mit anderen messen will, kann dies bei Wettbewerben wie „Jugend musiziert" oder „Jugend forscht" tun. Hier werden von regionaler bis nationaler Ebene Entscheidungen ausgetragen, bei denen am Ende ein Gewinner prämiert wird. Für Kinder ist dies nicht nur spannend, sondern auch gut für das Selbstvertrauen.

Finden sich keine Möglichkeiten für Ihr Kind das Hobby in einem Verein auszuüben, so gründen Sie doch selbst einen. Manchmal entstehen solche Verbände auch schon durch die Eigeninitiative der Kinder selbst. Solche Aktivitäten sollten Eltern unbedingt unterstützen. Somit kann Ihr Kind mit anderen Gleichgesinnten seine Leidenschaft ausleben und gleichzeitig ein wenig Selbständigkeit erfahren, und Sie können sicher gehen, dass Ihr Kind sich seine Zeit sinnvoll vertreibt.

8. Kapitel

HILFSANGEBOTE FÜR ELTERN UND KINDER AUSSERHALB DER FAMILIE

Problemlösungstraining und Rollenspiele helfen Ihrem Kind, wieder mehr Selbstvertrauen zu gewinnen.

RAT UND TAT

Wenn das Kind keine Freunde hat, werden von Eltern und Junior viele seelische Anstrengungen abverlangt. Schafft man es im Zusammenhalt der Familie, dem entgegen zu wirken, so ist dies eine gute und wichtige Erfahrung für die weitere Entwicklung Ihres Kindes. Aber manchmal fühlen sich Eltern und Kinder überfordert, dies aus eigener Kraft zu tun, sodass Hilfe von außen wünschenswert und nötig erscheint. Oftmals ist es schon eine Erleichterung, wenn man sein Leid einem unbeteiligten Dritten mitteilen kann oder erfährt, dass andere Eltern und Kinder sich in der gleichen Situation befinden. Aber Hilfe von außen in Anspruch zu nehmen bedeutet für die meisten Menschen eine große Überwindung, da man Schwäche zeigt und das Gefühl hat, man habe als Vater oder Mutter versagt.

ERSTE ANSPRECHPARTNER FÜR ELTERN UND KINDER

Lehrer und Erzieher können die Situation Ihres Kindes besonders gut einschätzen.

Wenn Eltern erkannt haben, dass ihr Kind Schwierigkeiten hat, Freunde zu gewinnen, und sie es innerhalb der Familie nicht schaffen, das Problem zu lösen, so ist es eine große Hilfe, wenn sie sich einer Person anvertrauen können, die sich mit dieser Problematik auskennt. Erzieher und Lehrer können hier die ersten Ansprechpartner sein, da sie Ihr Kind täglich im Kindergarten oder der Schule sehen und sein Verhalten gut einschätzen können. Manchmal sind sie es sogar, die die Eltern darauf aufmerksam machen, dass Ihr Kind häufig alleine spielt oder den Anschluss an die Gruppe oder Klasse nicht schafft. Nutzen Sie gemeinsam mit Ihrem Kind unbedingt die Chance, mit diesen Ansprechpartnern in Kontakt zu treten. Denn oftmals wissen sie Dinge über Ihr Kind, die Sie nicht entdeckt haben. Wenn Kinder ein Problem haben, verhalten sie sich außerhalb der Familie häufig anders als zu Hause. Hören Sie sich die Argumente und alle Handlungsmöglichkeiten der Erzieher und Lehrer gut an und berichten Sie, wie Sie die Situation einschätzen. Wägen Sie dann gegeneinander ab, welche Lösungsmöglichkeiten Sie in Anspruch nehmen wollen.

Beispielsweise könnten Sie andere, sozial kompetentere Kinder aus der Gruppe oder dem Klassenverband um Hilfe bitten, sich ein wenig um allein gelassene Kinder zu kümmern. Mal darüber zu reden, was Alleinsein bedeutet und wie man sich dabei fühlen würde, wäre ebenfalls eine Hilfsmaßnahme, die gemeinsam in der Gruppe im Kindergarten oder in der Schulklasse durchführbar wäre. Die anderen Kinder werden zum Nachdenken angeregt, und vielleicht entwickeln die Kinder ja eigene Lösungskonzepte zu dem Problem. Gelingt den betroffenen Kindern ein Annäherungsversuch oder zeigen sie soziale Verhaltensweisen gegenüber ihren Spielgefährten, so fördern positive Rückmeldungen der Erzieher oder Lehrer dieses Verhalten. Das Selbstwertgefühl der Kinder würde dadurch gestärkt werden, und sie könnten sich somit eher auf Interaktionen mit anderen einlassen.

HILFE BEI BERATUNGSSTELLEN SUCHEN

Falls Ihr Problem größer ist, Sie und Ihr Kind emotionale Unterstützung brauchen und das Gespräch mit Lehrern und Erziehern nicht ausreicht, um eine Lösung zu finden, dann wenden Sie sich doch an eine Beratungsstelle, die sich umfassend mit dieser Problematik beschäftigt. Hier erhalten sie professionelle Beratung von ausgebildeten Sozialpädagogen und Psychologen.

Hilfe und Rat durch professionelle Beratung

Erziehungsberatungsstellen

Erziehungsberatungsstellen helfen bei allen Familienproblemen. Über Ihr örtliches Jugendamt können Sie die Adresse dieser Stelle in ihrer Nähe erfahren. Die Beratung dort ist kostenlos.

Kinder- und Jugendberatungsstellen

In vielen größeren Städten lassen sich diese Einrichtungen finden, und sie sind zu Zeiten geöffnet, in denen es Kindern und Jugendlichen möglich ist, sie aufzusuchen. Diese Stellen bieten den Kindern eine professionelle und kostenlose Hilfe bei allen möglichen Problemen an. Auch manche Schulen verfügen über Jugendberater oder Schulsozialarbeiter. Die Eltern könnten für ihr Kind mit einem Berater einen ersten Termin ausmachen. Aber alles, was das Kind mit dem Berater bespricht, bleibt natürlich vertraulich und wird auch den Eltern vorenthalten.

Sorgentelefon

Das Sorgentelefon bietet Kindern bis zum 18. Lebensjahr Hilfe und Rat bei allen möglichen Problemen an. Auch hier werden die Gespräche vertraulich behandelt und nicht an Dritte weitergegeben. Da es nur ein Telefonat ist und kein persönlicher Kontakt entsteht, braucht das Kind oder der Jugendliche auch nicht seinen richtigen Namen angeben. Für viele Kinder und Jugendliche ist das ein großer Vorteil, da sie ihr Problem in vielen Fällen geheim halten wollen. Die Anonymität gibt ihnen eine gewisse Sicherheit.

Schulpsychologischer Dienst und frei praktizierende Psychologen

Der Schulpsychologische Dienst ist für viele Kinder eine gute Anlaufstelle, um über ihre Probleme in der Schule zu sprechen. Denn hier arbeiten Lehrer und Psychologen gemeinsam für Kinder, die in der Schule Schwierigkeiten haben. Fast jeder Kreis verfügt auch über eine eigene schulpsychologische Beratungsstelle. Hat die Ablehnung oder das Alleinsein Ihres Kindes zu starken psychischen Störungen geführt oder diese Störungen die Ablehnung oder das Alleinsein vielleicht gefördert, kann eventuell der Schulpsychologische Dienst Ihr Kind an einen Psychologen verweisen. Manche Psychologen der Kinder- und Jugendberatungsstellen können kostenlos aufgesucht werden. Frei praktizierende Psychologen hingegen verlangen das übliche Beratungshonorar von etwa 100 DM pro Stunde. Fragen Sie den Psychologen am besten in der ersten Stunde, was er pro Sitzung berechnet.

SOZIALES KOMPETENZTRAINING BEI SELBSTUNSICHEREN KINDERN

Haben Sie die Entscheidung getroffen, Ihrem Kind durch eine Therapie zu helfen, seine Unsicherheit gegenüber anderen zu verringern, dann bietet sich ein Training an, das seine sozialen Fertigkeiten fördern soll. Manfred Döpfner, Diplompsychologe an der Kinder- und Jugendpsychiatrischen Klinik Mannheim ist der Ansicht, „dass soziale Selbstunsicherheit hauptsächlich durch einen Mangel an sozialen Verhaltensfertigkeiten sowohl auf verbaler als auch nonverbaler Ebene verursacht wird.“ Kinder mit einer solchen Selbstunsicherheit entwickeln wenig Fähigkeiten, soziale Probleme in einzelnen Situationen zu lösen. Sie können Konsequenzen einer Handlung schlechter vorhersehen und haben größere Schwierigkeiten bei der Planung der einzelnen Handlungsschritte als Gleichaltrige. Bei „Sozialen Kompetenztrainings“ wird mit verschiedenen Techniken versucht, die Fähigkeiten des Kindes zur Beurteilung und Bewältigung von Problemsituationen zu verbessern. Dabei wird mit Verhaltensübungen, Rollenspielen, Problemlösungstraining oder Modelldarbietungen der ungünstige Einfluss einer negativen Selbsteinschätzung gezeigt und ein positives Verhalten geübt.

Bei der Behandlung wird darauf geachtet, dass das Training auf die spezifischen Probleme des Kindes abgestimmt ist und dass es das Kind dazu anstiftet, die erlernten Verhaltensweisen in seiner natürlichen Umgebung anzuwenden. In der Therapiestunde soll das Kind sein Verhalten auf allen Ebenen entwickeln und anschließend in der Alltagssituation erproben. Die Einbeziehung von Bezugspersonen wie Eltern, Erziehern, Lehrern und Gleichaltrigen wäre hier wünschenswert, um eine erfolgreiche und stabile Verhaltensänderung herbeizuführen.

FAMILIENTHERAPIE ALS HILFSMASSNAHME

Durch Familientherapie ist es möglich, sogar schwer gestörtes Verhalten positiv zu verändern.

In vielen Fällen, in denen ein Kind mangelnde Kompetenz im Sozialverhalten zeigt, liegt die Ursache in der familiären Situation begründet. Ein überbehütendes oder zu autoritäres Erziehungsverhalten kann das selbstunsichere Verhalten des Kindes erzeugen und aufrechterhalten.

Von daher ist es von großer Bedeutung, diese familiären Bedingungen durch therapeutische Maßnahmen zu verändern. Wenn Eltern oder Paare der Meinung sind, dass ihre Schwierigkeiten nur bei ihnen selbst liegen, werden die Kinder aus der Therapie herausgehalten. Sollten die Kinder jedoch zum Hauptgesprächsthema werden, ist es besser, wenn sie dabei sind. Um eine Familientherapie erfolgreich angehen zu können, müssen alle Familienmitglieder ihr Einverständnis zu diesem Schritt geben. Weigert sich ein Mitglied vehement gegen eine Therapie, so sollten andere therapeutische Maßnahmen getroffen werden.

„Durch Familientherapie ist es möglich, sogar schwer gestörtes Verhalten positiv zu verändern", argumentiert der Familientherapeut Walter Kempler, „und zwar allein dadurch, dass die Familienmitglieder ermutigt werden oder ihnen die Gelegenheit gegeben wird, ihre ganze Situation aus einem anderen Blickwinkel zu betrachten." Dadurch bekommen sie neue Einblicke in die familiären Verhältnisse, was oftmals schon eine positive Veränderung der Situation mit sich bringen kann.

„Seitdem ich weiß, was für eine Wut meine Tochter auf mich hatte, als ich sie allein gelassen habe, kann ich ihr Verhalten wirklich gut nachvollziehen", berichtet die Mutter einer sechsjährigen Tochter.

Ähnlich wie bei dem sozialen Kompetenztraining für Kinder sollte die therapeutische Behandlung exakt auf die Problematik und Bedürfnisse der Familie abgestimmt werden. Oberstes Gebot bei einer derartigen Neuorientierung der Familienverhältnisse ist, dass keiner dem anderen die Schuld zuweist. Sätze wie: „Mein Kind macht mich verrückt", oder „Ihr versteht alle nichts" deuten zwar darauf hin, dass etwas nicht stimmt, aber sie sind zu unkonkret, sodass keine Basis für eine Verhaltensänderung gegeben scheint. Vielmehr sollen die Verhaltensmuster verändert werden, damit die Familie ein emotionaler Rückhalt für leidtragende Familienmitglieder wird.

Für Familien mit jüngeren Kindern sind Gestalt-Familientherapien empfehlenswert, da sie weniger das Gespräch in den Vordergrund stellen als vielmehr die Handlungen innerhalb der Familien. Da es jüngeren Kindern schwerer fällt, ihre Ängste und Probleme verständlich mitzuteilen, sind

Rollenspiele oder gestalterische Arbeiten wie Malen geeignete Alternativen.

ERLEBNISAKTIVIERENDE FAMILIENTHERAPIE

Zwischenmenschliche Begegnungen stellen Erlebnisse dar, die uns helfen, künftige Erlebnisse gut zu bewältigen.

Erlebnisse füllen unseren Tag aus und begleiten uns das ganze Leben hindurch. Begegnen sich zwei Menschen und treten in eine Interaktion, so ist das auch ein Erlebnis. Diese Begegnungen sind wichtig für die Entwicklung von Fähigkeiten, die wir zur Bewältigung künftiger Erlebnisse brauchen. Die Erlebnisse innerhalb der Familie beeinflussen unsere Fähigkeiten am meisten. Somit ist das Ziel einer „erlebnisaktivierenden Familientherapie", die Menschen dahin zu bringen, dass sie im Leben gut zurechtkommen.

Der Begriff „erlebnisaktivierend" verdeutlicht die Art des Umgangs innerhalb der Therapiesitzung. Die Therapiestunde selbst ist das Experimentierfeld, auf dem neue Erkenntnisse und Erfahrungen gemacht werden. Es wird nicht „über etwas geredet", sondern es wird „gehandelt". Da mit der gegenwärtigen Familie gearbeitet wird, können neue Begegnungen während der Sitzung untersucht werden, bei denen der Therapeut voll und ganz mit eingeschlossen wird. Für diese Augenblicke gibt es keine Regeln und Normen; es gibt nur Menschen, die sich gegenseitig beeinflussen werden. Es geht bei diesem therapeutischen Ansatz darum, das Unmittelbare, Gegenwärtige in den Mittelpunkt zu schieben, um von dieser Mitte aus Beziehungen zu anderen Perspektiven (Vergangenheit, Zukunft) zu knüpfen.

Voraussetzung bei diesem Ansatz ist, dass die Handlungen spontan geschehen, dass so viel wie möglich an die Oberfläche kommt. Dies geschieht mit Hilfe von Gesprächen, Mimik und Gestik. Nach Walter Kempler beinhaltet dieser Ansatz „die körperlich erlebte Selbstoffenbarung in Bezug auf andere: wie wir sie erleben, was wir von ihnen wollen, was wir tun, um das, was wir wollen, auch wirklich zu bekommen und schließlich, wie wir uns verhalten, wenn unsere Bemühungen erfolgreich oder erfolglos waren". Die Familiensitzungen sollen als bedeutsame Erfahrungen genutzt werden, bei denen man nicht nur Zuschauer oder Kommentator ist, sondern aktiv zum Mitstreiter wird.

AGGRESSIONSÜBUNGEN FÜR FAMILIEN

Häufig reagieren Kinder mit Aggression auf Ablehnung oder werden auf Grund ihres aggressiven Verhaltens abgelehnt. Um diese aggressiven Verhaltensmuster zu ergründen und im besten Falle positiv zu verändern, sind Familienübungen zu dieser Thematik besonders geeignet. Hier werden Aggressionsübungen in Form von Rollenspielen innerhalb der Familie eingeübt und umgesetzt.

Ein Beispiel dafür ist das „Aggressionsfestival", wie George R. Bach und Herb Goldberg es nennen, das verschiedene Übungen beinhaltet und mit Familien durchgeführt wird. Zunächst werden die Kinder und Erwachsenen voneinander getrennt, und jede Gruppe übt für sich einige Übungen ein. Das vermindert die anfängliche gegenseitige Befangenheit der Eltern und Kinder. Nachdem eine Reihe von Aggressionsritualen eingeübt worden sind, werden die Familienmitglieder wieder zusammengeführt, um die Übungen gemeinsam zu praktizieren.

Aggressionen können mit Hilfe bestimmter Übungen positiv umgesetzt werden.

Ein großer Vorteil dieser Übungen ist, dass man sie auch zu Hause durchführen und einüben kann. Dadurch erhöht sich ihre Effektivität und so können auch Verwandten oder Freunden einbezogen werden. Hier nun ein paar Beispiele der verschiedenen Übungen aus dem Buch „Keine Angst vor Aggression“ von George R. Bach und Herb Goldberg:

Der Sklavenmarkt

Bei dieser Übung übernimmt jedes Mitglied der Familie für fünf Minuten einmal den Part des „Sklaven“ und den des „Herrn“. Wer die Rolle des „Sklaven“ übernimmt, kann vor Beginn der Übung bestimmte Bedingungen stellen, wie zum Beispiel: „Ich möchte nicht singen“, oder „Ich möchte nicht auf dem Boden kriechen.“ Sobald die Übung begonnen hat, übernimmt der „Herr“ die Befehlsgewalt über seinen „Sklaven“. Der Sklave ist verpflichtet, jeden Befehl unverzüglich auszuführen. Nach fünf Minuten werden dann die Rollen getauscht.

Diese Übung hat das Ziel, dass für einen bestimmten Zeitraum die normalerweise festen und unverrückbaren Machtverhältnisse umgeworfen werden. Schüchterne Kinder können sich fünf Minuten lang als Tyrannen ausleben und herrschsüchtige, dominierende Eltern werden dazu „verbannt“, sich in die Rolle des Unterlegenen einzufinden. Viele Eltern und Kinder hatten Spaß an diesem Rollentausch, da sie endlich mal Gelegenheit dazu hatten, dem anderen zu zeigen, wie sie ihn sehen. Ein elfjähriger Junge beispielsweise befahl seiner Mutter wie ein Kind zu sein: „Los, räum' dein Zimmer auf! Putz dir die Zähne!“ Und eine Mutter befahl ihrem lebhaften und gesprächigen Kind, sich fünf Minuten still zu verhalten. In der anschließenden Diskussion konnten die Teilnehmer ihre Gefühle, die während der Übung auftraten, austauschen und besprechen.

Aus der Zurückweisung lernen

An dieser Übung sind alle Familienmitglieder gemeinsam beteiligt. Ein Familienmitglied wird von den anderen Mitgliedern aufgefordert, den Raum zu verlassen. Er oder sie soll „zurückgewiesen" werden. Hat die Person den Raum verlassen, beratschlagen die Zurückgebliebenen zehn Gründe für ihre Zurückweisung. Häufige Gründe waren: „Er drängt sich immer vor", „Er hört nie zu" oder „Sie hat immer so viel zu tun, dass sie keinen Spaß mitmacht." Anschließend bildet die Gruppe einen geschlossenen Kreis und bittet die ausgeschlossene Person, den Raum wieder zu betreten. Diese muss dann wenigstens drei Gründe für ihre Zurückweisung erraten, um wieder in den Kreis aufgenommen zu werden. Gelingt ihr, diese Aufgabe zu erfüllen, wird sie mit offenen Armen in den Kreis der Familie aufgenommen.

Diese Übung zielt darauf ab, dass jedes Familienmitglied negative Züge an sich selbst aus der Sicht der anderen objektiv anerkennt. Jemand, der auch mal einen Fehler eingestehen kann, wird von anderen eher respektiert und akzeptiert als jemand, der sich für unfehlbar hält.

Papa oder Mama an die Wand drücken

Die ungleiche Machtverteilung innerhalb der Familie sowohl im physischen als auch psychischen Bereich führt dazu, dass starre und einseitige Interaktionsmuster entstehen. Einige Familienmitglieder kennen nur das Gefühl des Siegers und andere fühlen sich immer als Unterlegene.

In der folgenden Übung sollen körperliche Kraftunterschiede durch Behinderungsmaßnahmen ausgeglichen werden. An dieser Übung sind immer nur zwei Personen beteiligt, die zudem große körperliche Kraftunterschiede aufweisen. Irgendein schwaches Familienmitglied darf nun ein stärkeres herausfordern und es quer durch den Raum bis an die gegenüberliegende Wand stoßen. Voraussetzung dabei ist, dass das stärkere Mitglied sich in seiner Kampfkraft so „behindert", dass beide Spielpartner zwar gleich stark sind, es aber noch voll kampffähig bleibt. Wie diese Kraftbehinderung vorgenommen wird, liegt im Ermessen des Stärkeren.

Diese Übung fordert viel Fantasie, um die angemessene Behinderung zum Kräfteausgleich zu erdenken. Und sie regt eine Diskussion darüber an, wie man in anderen zwischenmenschlichen Beziehungen einen Machtausgleich schaffen könnte, um den schwächeren Familienmitgliedern die Möglichkeit zu geben, ihre Aggressionsgefühle abzureagieren und eine offene Kommunikationsweise zu ermöglichen, ohne Angst vor Vergeltung haben zu müssen.

„Feed-back“ – Training

Unter „Feed-back“ soll ein aktives Zuhören verstanden werden, bei dem der Zuhörer das Gehörte so wiederholen muss, dass sich der Sprecher verstanden fühlt. Jede Interpretation muss vermieden werden, und es darf auch nichts in die Aussage gelegt werden, das nicht in ihr enthalten war.

Diese Übung ist besonders dann geeignet, wenn Familien Schwierigkeiten haben, sich richtig zu streiten, zum Beispiel wenn keiner dem anderen zuhören mag oder will, oder wenn alle sich nur noch anschreien und die Türen knallen. Zu lernen, aktiv zuzuhören, ist aber auch für viele andere zwischenmenschlichen Handlungen von Vorteil. Wer gut zuhören kann, weckt beim anderen das Gefühl, verstanden und angenommen zu werden – für die Entstehung und Erhaltung von Freundschaftsbeziehungen geradezu ein Muss.

Mit Gleichgesinnten Ängste und Erfahrungen austauschen

SELBSTHILFEGRUPPEN FÜR ELTERN

Wenn Kinder Ablehnung erfahren und darunter leiden sind sich zwar viele Eltern darüber im Klaren, dass eine Therapie Abhilfe leisten könnte, doch häufig scheuen sie sich davor, eine für sich oder ihr Kind in Anspruch zu nehmen, obwohl es in einigen Fällen wirklich nötig erscheint. Dies mag daran liegen, dass diese Form von Hilfe in unserer Gesellschaft noch nicht sehr akzeptiert wird. „Wir sind doch nicht verrückt oder irre im Kopf, was sollen wir denn beim Seelenklempner?“, heißt es dann oft. Spott und Scham sind häufige Gründe, den Weg zum Psychologen nicht einzuschlagen. Aber diese Einstellung darf nicht dazu führen, dass man sich jeglicher Hilfe von außen verschließt, denn es geht ja um das Wohl Ihres Kindes.

Für Eltern sind Selbsthilfegruppen eine gute Alternative, um sich mit Ihrem Problem in einer etwas lockeren und von der Gesellschaft eher tolerierten Form auseinander zu setzen. Hier treffen sie auf andere betroffene Eltern, mit denen sie sich über ihre Sorgen und Ängste austauschen können. Schon allein die Tatsache, dass sie das Gefühl bekommen, mit ihrem Problem nicht mehr allein dazustehen und endlich auf Verständnis zu stoßen, bringt vielen Eltern eine Erleichterung. Durch die Erfahrungen der anderen Betroffenen lernen sie, ihre eigene Situation besser einzuschätzen und mögliche Lösungen zu erarbeiten.

Adressen für Selbsthilfegruppen finden sich im örtlichen Telefonbuch. Im Internet werden auch Gesprächsrunden mit unterschiedlichsten Themen angeboten, und vielleicht ist ja auch eine für Sie dabei.

Und wenn Sie sich dann doch noch entschieden haben, eine Therapie für sich oder Ihr Kind in Anspruch zu nehmen, dann ist es dennoch gut, gleichzeitig einer Selbsthilfegruppe beizutreten oder in ihr aktiv zu bleiben. Denn zum einen fallen Sie nach Beendigung der Therapie nicht in ein großes Loch und zum anderen können sie durch die Weitervermittlung Ihres neuen Wissens anderen eventuell selbst Hilfe erweisen.

ADRESSEN

WO FINDEN SIE UND IHRE KINDER RAT UND HILFE?

Sorgentelefon

Nummer gegen Kummer: 01308/11103
(bundesweit zum Nulltarif)
Verantwortlich für die Nummer gegen Kummer ist die BundesArbeitsGemeinschaft (BAG) Kinder- und Jugendtelefon im Deutschen Kinderschutzbund e. V.
Domagweg 8
42109 Wuppertal

Jugendämter

Diese sind landesweit vertreten. Die genaue Adresse des für Sie zuständigen Jugendamtes erfahren Sie aus dem örtlichen Telefonbuch.

Erziehungs- und Familienberatungsstellen

Bundeskonferenz für Erziehungsberatung e. V.
Amalienstr. 6
90763 Fürth
Hier erhalten Sie die Adressen von Erziehungs- und Familienberatungsstellen im ganzen Bundesgebiet.

LITERATUR

Bach, G. R. & Goldberg, H. (1977). Keine Angst vor Aggression. Wie lerne ich mit Aggression kreativ umzugehen und durch offene Auseinandersetzung meine Partnerprobleme neu zu klären. Köln, Düsseldorf: Eugen Diederichs Verlag.

Beerlage, I. (1993). Beliebtheit. Komponenten eines Alltagsbegriffes aus der Sicht von Kindern und Jugendlichen. München, Wien: Profil.

Bigelow, B. & LaGaipa (1975). Chidren's written descriptions of friendship. In H. C. Foot, A. J. Chapman & J. R. Smith (Eds.), Friendship and social relations in children. New York: Wiley.

Döpfner, M. (1987). Soziale Kompetenztrainings bei selbstunsicheren Kindern. In O. Speck, F. Peterander & P. Innerhofer (Hrsg.), Kindertherapie. Interdisziplinäre Beiträge aus Forschung und Praxis (S. 283-287). München, Basel: Ernst Reinhardt Verlag.

Kempler, W. (1989). Erlebnisaktivierende Familientherapie. Psychotherapeutische, wachstumsorientierte, systemische Interventionen. Paderborn: Junfermann-Verlag.

Krappmann, L. (1993). Entwicklungsfördernde Aspekte in Freundschaften von Kindern und Jugendlichen. Gruppendynamik, 24, S. 119-129.

Krappmann, L. & Oswald, H. (1995). Alltag der Schulkinder. Beobachtungen und Analysen von Interaktionen und Sozialbeziehungen. Weinheim: Juventa.

Mönkemeyer, K. (1989). Wie Kinder Freunde werden. Reinbek bei Hamburg: Rowohlt Taschenbuch Verlag.

Rubin, Z. (1981). Kinderfreundschaften. Das Kind und seine Entwicklung. Stuttgart: Klett-Cotta.

Salisch, M. v. & Seiffge-Krenke, I. (1996). Freundschaftsbeziehungen im Kindes- und Jugendalter: Konzepte, Netzwerke, Elterneinflüsse. Psychologie in Erziehung und Unterricht, 43, S. 85-99.

Selman, R. L. (1984). Die Entwicklung des sozialen Verstehens. Frankfurt/Main: Suhrkamp.

Wagner, J. (1994). Kinderfreundschaften. Wie sie entstehen – was sie bedeuten. Berlin: Springer Verlag.

Youniss, J. (1982). Die Entwicklung und Funktion von Freundschaftsbeziehungen. In W. Edelstein & M. Keller (Hrsg.), Perspektivität und Interpretation (S. 78-109). Frankfurt/Main: Suhrkamp.

REGISTER